Denkmalkritik

Dieter Hoffmann-Axthelm

DENKMALKRITIK

Für eine zukunftsfähige Denkmalpflege

Essay

Lukas Verlag

Lukas Verlag für Kunst- und Geistesgeschichte
Kollwitzstraße 57
10405 Berlin
www.lukasverlag.com

Umschlag, Layout und Satz: Lukas Verlag
Druck: ScandinavianBook

Printed in EU
ISBN 978-3-86732-451-9

Inhalt

Vorbemerkung

Man erwarte vom hier vorgelegten Essay keine Auseinandersetzung mit historischen oder zeitgenössischen Denkmaltheorien. Zustand und gesellschaftliche Aussichten der Denkmalpflege scheinen mir so prekär, dass Grundsätzlichkeit geboten war. Beabsichtigt ist eine möglichst vorurteilsfreie Reflexion ihrer Systematik, ihres aktuellen Zustands und ihrer Zukunftsfähigkeit. Und dies auf dem Hintergrund einer über ein Halbjahrhundert gehenden persönlichen Befassung in Theorie wie Praxis.

I Denkmalkrise

Die Baudenkmalpflege – und nur von ihr soll hier die Rede sein – ist vielleicht die meistgehasste Institution der Republik. Sie steht entsprechend unter Druck. Einerseits ist sie so wirksam in das normale Baugenehmigungsverfahren eingetaktet, dass sie heute ein Maß an Verfügungsmacht besitzt wie noch nie in ihrer zweihundertjährigen Geschichte. Andererseits ist gerade dies ihr Unheil. Es ist die Art und Weise, wie sie mit dieser Verfügungsmacht umgeht, was sie gefährdet. Die Wut von Investoren oder privaten Hausbesitzern schlägt zwar nicht unmittelbar auf sie durch, nicht einmal der Unmut der Kommunen. Doch das bleibt nicht stumm, sondern führt dazu, dass die Denkmalpflege auf der Regierungsebene der Länder zunehmend als Störfaktor wahrgenommen wird. Die Landesregierungen wollen sich die von ihr erzeugten Konflikte nicht länger zurechnen lassen.

Der Angriff zielt auf die Oberen Denkmalbehörden. Wo man sie nicht gleich ganz einspart, geht es um Mittelkürzung und Kompetenzbeschneidung. Abschaffung ist aber keine gute Idee. Werden Aufsicht und Schutz auf die Kommunalbehörden verschoben, sind die unteren Ämter noch mehr als bisher den lokalen wirtschaftlichen oder politischen Interessen unterworfen. Ohne staatliche Kontrolle, ob aus einem Ministerium oder durch eine ausgelagerte Behörde, ist ein Denkmalpflegesystem, das wie das deutsche prinzipiell hoheitlich organisiert ist, wohl kaum demokratiekonform.

Aber diese hier nur angedeutete Tendenz ist nur ein Symptom. Zugrunde liegt die kritische Entwicklung, die das Denkmalsystem in den letzten hundert Jahren genommen hat – auf der Oberfläche eine Erfolgsgeschichte angesichts der Fülle gelisteter Denkmale und geglückter Wiederherstellungen, auf der systemischen Ebene ein fataler Strukturwandel, den nachzuzeichnen in den folgenden Kapiteln die Aufgabe dieses Essays sein wird.

Ein entscheidender Angelpunkt hierfür war in der Tat die Staatlichkeit des Systems. Zu lange, und zu vorbehaltlos, hat sich die Denkmalpflege auf sie verlassen, zu wenig hat sie sich, bzw. zu einseitig: nämlich nur über die Glanzseite der Sache, um gesellschaftliche Akzeptanz bemüht. Hier, in der breiten Akzeptanz, liegt ja die wirkliche Gefahr. Es reicht nicht, bloß den bildungsbürgerlichen Rest zu begeistern und die Testamente Wohlhabender zu mobilisieren. In weitesten Bereichen der Gesellschaft wird auf die Denkmalpflege nicht einmal mit Gleichgültigkeit, sondern mit Wut und Verachtung reagiert. Der jährliche Tag des Denkmals mag unbeteiligte Bürger erfreuen – solange es nicht gelingt, die große Masse der kleinen Denkmalbesitzer zu überzeugen, betrügt man sich nur. Auf welche Unterstützer könnte die Denkmalpflege denn im Ernstfall rechnen? Staatlich und kommunal unbeliebt, in der Bevölkerung weitgehend abgelehnt, nur noch von der kleinen Schar der ausdrücklichen Denkmalenthusiasten verteidigt, ruht die Denkmalpflege im Wesentlichen auf der Routine des Verwaltungsapparats – es gibt sie nun einmal.

Dem gegenüber hilft kein Hadern mit den Umständen, erst recht kein halbherziger Hinweis auf die wirtschaftliche Rolle der Denkmalpflege für Handwerk, Gewerbe, Tourismus[1] oder den durchaus ephemeren Beitrag zur Ökologie, der sich aus dem Erhaltungsauftrag – kein Abriss – ergibt. Ich gehe im Folgenden davon aus, dass nur eines weiter hilft: auf den Kern des Problems zuzugehen, und im Kern geht es um eine Krise des Handlungs-

1 Gottfried Kiesow: Die Politik geht lieber auf den Fußballplatz, in: Monumente 5/6, 2005, S. 36–38.

modells der Denkmalpflege, ja um nicht weniger als eine Krise des Denkmals bzw. des Denkmalbegriffs als solchen.

Ich beginne mit einem ganz allgemeinen Eindruck, der im Weiteren zu begründen sein wird. Während Glanz und Menge der Denkmale stetig zunehmen, zerfällt der gesellschaftliche Konsens hinsichtlich dessen, was ein Denkmal ist und wofür es steht. Wenn die Deutsche Stiftung Denkmalschutz ihre Erfolge und ihre Stifter feiert, herrscht auf der Seite der Denkmalbesitzer, Denkmalliebhaber eingeschlossen, oft nur Wut oder Resignation. Dahinter steht weit mehr als bloß ein Kommunikationsproblem, vielmehr tatsächlich der autoritäre Handlungsmodus der Denkmalpflege.

Aber nicht minder fatal ist der Zustand der fachlichen Selbstverständigung. Die Denkmalpflege ist nahezu unheilbar zerstritten, eine Zerstrittenheit in der fachlichen Methodik. Wenn das im Alltagsgeschäft noch in Routinen erstickt werden kann, bricht der Methodenstreit in spektakulären Fällen wie etwa dem Wiederaufbau des Braunschweiger Schlosses oder der Erneuerung der Frankfurter Paulskirche offen aus. Eine besondere Schärfe ergibt sich aus der Überlagerung von Methodenstreit und politischen Parteiungen, sodass die jeweilige Argumentation in einigen Fällen nicht nur jede Verständigung ausschließt, sondern in Hass, Unterstellungen und Verleumdungen umschlägt. Geht es überhaupt noch um dieselbe Sache?

Jedenfalls kann man sich fragen, ob derzeit überhaupt noch eine diskursive Öffnung der Sachlage möglich ist. Nötig wäre ein möglichst unverdächtiger Zugang. Die Behauptung, man stehe zwischen den Fronten, sei weder Extremist der Rekonstruktion noch Partisan eines interessierten Historismus, wird niemanden überzeugen. Man kann sich nur zwischen die Stühle setzen. Ich versuche es, um die Enge des Zugangsproblems bzw. den ursächlichen Vertrauensmangel drastisch genug deutlich zu machen, erst einmal nur mit einem Gewaltakt: die angesammelte Widersprüchlichkeit von Theorie und Praxis so extrem zuzuspitzen, dass sichtbar wird, worum es geht und wie es zu einem Aufmerken kommen könnte.

Für diesen etwas mutwilligen Öffnungsversuch bieten sich zwei ganz bewusst radikalisierte Positionierungen an. Die eine: abschaffen und abwarten, was passiert. Die andere: bedingsfreie Affirmation – alles ist Denkmal.

In einer funktionierenden Diskussionslage wäre beides nur ironisch zu vertreten und erzeugte weniger Erschrecken als Heiterkeit. Aber in einer solchen Lage gelingender Kommunikation befinden wir uns nicht. Vielmehr bewegen sich Praxis und Diskussion in einem Dickicht von Ideologie, unvereinbaren Zielen und anwachsender Horizontverengung. Von den vorgeschlagenen Übertreibungen erhoffe ich mir, dank ihres offensichtlichen Extremismus, immerhin das Aufblitzen eines Lichtstrahls – anders gesagt, eines Minimums an Unterscheidungschancen.

Die erste Variante, Abschaffung der Denkmalpflege, habe ich ironisch schon einmal durchgespielt, fast ein Halbjahrhundert zurückliegend.[2] Inzwischen sehe ich mich genötigt, die Ironie einzusparen. Vermutlich wäre für die Lösung Abschaffung heute sogar eine demokratische Mehrheit zu haben, in jedem Fall breite Zustimmung der Landespolitiken. Was aber wäre, wenn es keinen Denkmalschutz gäbe – keine Denkmalgesetze, keine Denkmalbeamte in den Bauämtern, keine Steuerabschreibungen?

2 Plädoyer für die Abschaffung der Denkmalpflege, in: Arch+ H. 54, S. 44–50, wiederabgedruckt in: Hoffmann-Axthelm: Wie kommt die Geschichte ins Entwerfen, Braunschweig 1987, S. 181–197; englische Übersetzung: The Case for Abolishing Historic Building, in: Art in Translation, Constructing and Reconstructing History in Twentieth-Century German Architecture, ed. Alexander Luckmann & Volker M. Welter, Issue 1, March 2023, p. 137–154.

Glaubt man den beamteten Denkmalschützern, wäre dies das Todesurteil für den vorhandenen geschützten Denkmalbestand. Aber das ist einseitig aus der Perspektive einer angeblich alternativlosen Staatlichkeit der Denkmalpflege gedacht. Man muss gar nicht erst darauf verweisen, dass es sie in England nicht gibt, stattdessen den National Trust, eine zivilgesellschaftliche Organisation, mithin ebenfalls eine faktische Denkmalpflege. Tatsächlich lebt auch im etatistischen Deutschland oder in Frankreich die Denkmalpflege mehrheitlich von den Denkmalliebhabern, jenen Zivilpersonen, die Denkmale kaufen und restaurieren, gegen die Abriss lokaler Denkmale angehen oder die Rettung gefährdeter Bauten durch Spenden ermöglichen. Diese Fraktion würde sich nur organisieren müssen, um so etwas wie öffentliche Supervision zu schaffen.

Doch selbst wenn man annähme, es gäbe keinerlei steuernde Instanz, bleibt das Argument fragwürdig. Zweifellos würden Bauwirtschaft und Politik einiges mehr an ihnen im Wege stehenden Bauten abreißen. Aber eben nur einiges – dass die große Abrisswelle losbräche, ist schon deshalb unwahrscheinlich, weil für die überwiegende Mehrheit der als Baudenkmal eingestuften Bauten gar nicht zu sehen ist, warum ihre Eigentümer sich von ihnen trennen sollten, bloß weil es ihnen nicht verboten wird. Die Hauptmasse denkmalpflegerischer Tätigkeit betrifft ohnehin Restaurierungen und Umbauten. Hier würde es sicher Detailverluste geben, aber insgesamt passierte vielleicht nicht mehr, als dass beamtete Willkür durch private Willkür ersetzt würde.

Die zweite Variante – alles ist Denkmal – scheint nur auf den ersten Blick zu absurd, um sie durchzuspielen. Dabei kommt gerade sie der heutigen Praxis der Unterschutzstellung verdächtig nahe. Die Denkmalbewegung hat sich, indem sie immer weitere Artefakte in den Kreis des Schützenswerten einbezog, ohne sich um die damit vollzogene Umkehrung ihrer eigenen

Axiomatik zu scheren, zu Tode gesiegt. Die schiere Masse der deutschen Denkmalkataloge und die entsprechende Dehnung der Kategorien höhlen den Denkmalbegriff von innen her aus, und sie erschöpfen damit das, was sie trägt: die gesellschaftliche Zustimmung.

Anders als die Variante »Abschaffung« ist die Variante »Alles ist Denkmal« politisch-praktisch natürlich sinnlos – der Denkmalbegriff erübrigte sich. Es dürfte entweder gar nichts mehr abgerissen werden, was klimapolitisch erfreulich wäre, oder es bedeutete eine Verflachung der Regulierung, die zwischen Erhalt, Umnutzung und Abriss keine Grenze wüsste. Das eine wäre lebensfremd, das andere fatal. Insofern besteht der heuristische Nutzen dieser zweiten Variante gerade darin, der existierenden Denkmalbürokratie begreiflich zu machen, worauf es weitgehend ohnehin hinausläuft, wenn sie wie heute agiert: auf die definitive Aushöhlung des Denkmalbegriffs.

Diesen allerdings sollte man retten, so gut die Erosion auch in eine Zeit passt, die grundsätzlich begriffskritisch reagiert, Subjekte destruiert und Grenzen aufzuheben versucht, wo immer sie sie entdeckt. Beide eben skizzierten Varianten sind also strategisch gemeint. Es wäre das Dümmste, was man mit ihnen anfangen könnte, sie auf eine gesunde Mitte zu verweisen. Die gibt es nicht mehr, dazu treiben die realen Tendenzen der Pflege zu sehr auseinander. Die vorgeführten Extremformulierungen sind also auch nicht symmetrisch zu nehmen, was wechselseitige Aufhebung nahelegte. Eine Rettung des Denkmalbegriffs kann es nur in einer Richtung geben, daher der unbedingte Vorrang der ersten Variante als Richtungszeiger.

Die damit gegebene Radikalisierung scheint mir schon deshalb zielführend, weil die Möglichkeit, auf einen gesunden Anfangszustand zurückgehen, nicht gegeben ist. Dies nicht nur, weil Entwicklung grundsätzlich nicht rückgängig zu machen ist – niemand steigt, wie schon Heraklit sagte, zweimal in denselben

Fluss –, sondern weil der Denkmalbegriff bereits zum Zeitpunkt seines Entstehens, am Ende des 18. Jahrhunderts, in sich widersprüchlich gewesen ist.

Seit Urzeiten hat es Bauten gegeben, die man dem gewöhnlichen Verkehr entzog. Sie waren heilig. Verfielen sie, wurden sie erneuert, in einigen Gesellschaften waren periodischer Abriss und Wiedererrichtung Bestand des Kultus, in anderen die periodische Überbauung. In der christlich-europäischen Tradition gaben Grab oder Andenken des Gründers Anlass, bei Verfall oder Zerstörung den Gründungsbau so treu wie möglich zu wiederholen. Die Ausnahme musste sich nicht erklären – sie war der Anker inmitten der Vergänglichkeit gewöhnlicher Bauten, die ihre Umgebung ausmachte.

Aber das Heilige erwies sich als historisch vergänglich. Je weiter im Laufe der historischen Entwicklung der archaische Bann erodierte, desto eher konnte auch das ehrwürdigste Alte abgerissen werden, wenn man Größeres, Würdigeres oder Schöneres errichten wollte. Man war in eine Fortschrittsspirale eingetreten. Nur ganz wenige Bauten wurden dagegen schon bei Vollendung als so vollkommen empfunden, dass diese Gründe entfielen – keine der großen gotischen Kathedralen ist wieder abgerissen worden.

Erst mit der Entstehung des modernen Denkmalbegriff kommt jedoch eine grundsätzliche Unterbrechung zum Tagen. Ein Objekt wird aus seinem praktischen Zusammenhang gerissen und, mit einem übergeordneten Auftrag versehen, in eine andere Kategorie versetzt. Darin steckt von vornherein ein Moment von Willkür, das nicht dadurch verschwindet, dass es der Staat ist, der den anderen rechtlichen Status setzt, und dass man, inzwischen, sich auf Gesetze stützen kann. Den Willkürakt der Unterschutzstellung kann man als Entterritorialisierung, als Musealisierung oder als Teilenteignung beschreiben – keines dieser Momente war als solches beabsichtigt, sie stellen sich aber unweigerlich ein.

Der Schritt an sich war historisch unvermeidlich. Er reagierte auf einen viel umfassenderen Bruch, zum einen den Übergang vom Handels- und Agrarkapitalismus zur Frühindustrialisierung, zum andern die revolutionäre Machtübernahme des Bürgertums, paradigmatisch dafür die Französische Revolution, deren Folgen sich auch die deutsche Reaktion nicht entziehen konnte. Wirtschaftlich wie politisch trennten sich die Welten, traten Gegenwart und Vergangenheit in einem zuvor nie erfahrenen Ausmaß auseinander.

Das Konzept Denkmal – die Entdeckung des Denkmalwerts – ist die gesellschaftliche Reaktion auf die Zerstörungsmacht der Frühindustrialisierung. Ihr springt gleichzeitig ein neues Staatsverständnis mit seinem spezifischen Instrument bei, der Verwaltung. Daher der erste Grundsatz der Denkmalpflege: »Soweit die Erhaltung einer Sache auf die Erhaltung und Beförderung des öffentlichen Wohls erheblichen Einfluss hat, soweit ist der Staat deren Zerstörung oder Vernichtung zu untersagen berechtigt.«[3]

Die Geschichte der Denkmalbewegung von Goethes Hymnus zum Straßburger Münster bis zu Schinkels Memorandum von 1815[4] ist zu bekannt, um hier resümiert zu werden. Entscheidend für die kulturelle Reaktion ist die Entdeckung der Unwiederholbarkeit. Die neue, die eigene Gegenwart, war ernüchternd. Damit fiel ein neuer Blick auf das Mittelalter. Man baute weiter, dem Neuen fehlte aber der Heilsglanz. Man erkannte, dass Vergleichbares nicht mehr gebaut werden konnte. Was an Mittelalter noch vorhanden ist, wurde Gegenstand einer Sehnsucht, welche die eigene Gegenwart nicht mehr zu erfüllten vermochte. Das

3 Allgemeines Landrecht für den preußischen Staat, 1794, § 33, Auszug in: Norbert Huse: Denkmalpflege. Deutsche Texte aus drei Jahrhunderten, München 1984, S. 29.

4 Abgedruckt bei Huse, Denkmalpflege (wie Anm. 3), S. 70–73.

Denkmal ist gerettete Vergangenheit, damit auch ein neuartiger Besitztitel, nationales Erbe, das es an künftige Generationen weiterzugeben gilt.

Was zum Denkmal wird, ist damit einerseits aus der Geschichte herausgenommen, andererseits unweigerlich weiter in sie verwickelt, weil es ständig neu gegen Zerfall und Nutzungen gesichert werden muss. In der Zeitlinie ändern sich aber auch von Generation zu Generation die Vorstellungen nicht nur darüber, ob und wie weit zu sichern und zu erhalten ist, sondern auch, was und warum etwas ein Denkmal ist. So befindet sich das Denkmalprojekt seit zwei Jahrhunderten in einer ständigen Fluchtbewegung, indem es dem Paradox der Geschichtsbeendigung dadurch zu entkommen sucht, dass es immer neue Bereiche in sich einsaugt.

Der Denkmalbegriff ist dazu eben auch formal genug. Im Grunde ist er leer. Er sagt so gut wie nichts über das konkrete einzelne Denkmal, das er unter Schutz stellt, qualifiziert vielmehr die Möglichkeit der Ausnahme als solche – der Extraktion einzelner Bauten aus dem gewöhnlichen Lebensgang. Dabei ist die Beziehung auf Bauwerke nicht einmal genuin. Als sich der Begriff in den 1790er Jahren konsolidierte, geschah das als ein Übersprung: Man übertrug eine ältere Praxis, den Schutz öffentlicher Denkmäler – Statuen, Brunnen, Grabdenkmäler, Epitaphe, Altäre usw. – auf eine neue Objektkategorie; sie betraf nicht mehr, beispielsweise, die Skulptur, sondern denjenigen Bau, der sie trägt. Dem trug in der Folge eine kleine sprachliche Änderung Rechnung, indem zwischen isolierten Denkmälern und Baudenkmalen unterschieden wurde.

Auf dieser Grundlage konnte der neue Denkmalbegriff auf weitere Bereiche bezogen werden – Bodendenkmale, Gärten und Landschaftsparks. Das Schutzinstrument war dasselbe, obwohl die Inkongruenz der Objekte, der Praxen und der mit ihnen verbundenen Mentalitäten nicht zu übersehen ist. Das

Bodendenkmal ist immerhin noch als Rest oder Indiz eines Bauwerks zu begreifen. Das Garten- oder Landschaftsdenkmal ist dagegen von vornherein ein Hybrid. Die zugrundeliegende Natur kann man nicht unter Schutz stellen, sondern nur das, was menschengemacht ist, das Bild. Die Natur gibt aber keine Ruhe. Sie verändert sich laufend von sich aus und verweigert damit die Konstanz, die beim Baudenkmal noch zu haben ist, sodass die Pflege von vornherein mit dem unvermeidlichen Wachsen und Vergehen mitgehen muss. Ein kurioser Sonderfall sind schließlich, heute, die beweglichen Denkmale.

Um den Bereich der Inkongruenzen einzuschränken, werde ich mich im Folgenden ausschließlich auf Baudenkmale beziehen, und statt von Inkongruenzen wird dann eher von Paradoxien des Denkmalbegriffs zu reden sein. Die erste ist schon, dass ein Bauwerk in die Sonderposition des Erhaltungszwangs gesetzt wird, im Dienste der Erhaltung aber möglichst weitergenutzt werden und mit Leben erfüllt sein soll. Damit wird für den Einzelfall eine nur ungefähr einzugrenzende Bandbreite möglicher Entscheidungen geöffnet. Diese bleiben zwar an Begründungen gebunden, werden aber mit ihrer Grundlage, dem Denkmalstatus, formal wie dieser ist, nie eine notwendige Verbindung haben. Das Willkürmoment der Denkmalsetzung als solcher wird also in der denkmalpflegerischen Praxis immer neu durchbrechen, und dies umso eher, als die Vorstellungen, wie der Widerspruch im Einzelfall zu lösen sei, sich sowohl diachron verändern als auch synchron in unterschiedliche Richtungen auseinanderbewegen.

Der Konflikt steckt ja gerade schon in den klassischen Begründungen der Unterschutzstellung. Von Anfang an – paradigmatisch Schinkels Argumentation – differenziert sich der Denkmalbegriff anhand der Disparität der kulturellen Gegebenheiten und der an ihnen hängenden Interessen: Kunstwert, Alterswert, städtebauliche Prägnanz. Der implizierte Wertbegriff kommt aus dem Idealismus des frühen 19. Jahrhunderts. Die seitdem erfolgte wissenschaftliche Kleinarbeitung hat ihn denn auch so ausgehöhlt, dass man heute lieber von Bedeutungen spricht. Dabei gerät unter der Hand die wissenschaftliche Bedeutung ihrerseits zu einer vierten Kategorie. Man erkennt das schon an den deutschen Denkmalgesetzen, wenn im §1 nur noch von Quellen, Zeugnissen und wissenschaftlicher Erforschung die Rede ist.

Damit ist eine Spirale der Vermeidung an einem bestimmten Ende angekommen. Schon die klassischen, an nationalen Großdenkmälern wie Kölner Dom oder Heidelberger Schloss orientierten Begründungen waren um diejenige Objektivität bemüht, die den Denkmalbegriff bzw. die Vorstellung eines Denkmalwertes allererst ermöglichte. Insgeheim kreisen sie aber um zwei Begriffe, die sie gleichwohl bereits verschweigen: Würde und Schönheit. Das waren – mittelalterlich *dignitas* und *pulchritudo* – die Kategorien, die in aller vormodernen Zeit dazu führten, dass einzelne Bauwerke von vornherein als Ausnahme begriffen und unter die Weltwunder gezählt wurden. Beispielsweise wurde Or San Michele in Florenz, ab 1336 errichtet, kurz nach Fertigstellung als derart kostbar empfunden, dass man die Funktion des Kornmarktes alsbald wieder aufhob.[5] Indem die Verwissenschaftlichung der Begründung und die Ausweitung des Kreises schützenswerter Objekte sich in 200 Jahren wechselseitig vorantrieben, sind »Schönheit« und »Würde« unsagbar geworden. Rationalismus und Szientismus des Begründens töten somit den lebendigen Kern des Denkmals.

Dahinter steht natürlich der ungeheure Druck, den die modernen Lebensverhältnisse sowohl auf die Denkmale als auch ihre Schützer und Pfleger ausüben. Die Eintragung als Denkmal

5 Wolfgang Braunfels: Mittelalterliche Stadtbaukunst in der Toskana, 3. Auflage Berlin 1966, S. 211–214.

ist eine bloße Hypothese, der die Erhaltung mehr oder minder nachzukommen versucht. Je älter ein Denkmal ist, desto fremder steht es in einer völlig anders funktionierenden Umwelt. Dass die industrielle Luftverschmutzung an den Steinen der Kathedralen fraß, ist heroische Vergangenheit, auch wenn sie weitergeht. Viel handgreiflicher ist der Widerspruch zwischen einer Umwelt von umfassender Mobilität und der Ortsgebundenheit der Objekte. Wer lebt schon noch ein ganzes Leben im selben Haus. Wenn einst soziale und bauliche Beharrung Hand in Hand gingen, so hat sich beides heute vollständig gelöst. Entsprechend zerren an ihm wechselnde Wohn- und Ausstattungsbedürfnisse der Bewohner – zum Beispiel die sanitäre Perfektion, die ein Mieter erwartet –, und von außen treffen steigende Anforderungen des Brandschutzes und kontinuierliche Anhebungen aller technischen Standards auf eine Bausubstanz, die dafür nicht eingerichtet ist.

Gleichzeitig ist das einzelne Gebäude in eine Umwelt geraten, die kaum je stille steht. Die Mehrzahl der Denkmale erstickt heute in Lärm und Geschwindigkeiten der modernen Verkehrswelt – die Straßen sind mit Durchgangsverkehr gefüllt und von parkenden Autos zugestellt, und wo schon Märkte als Parkplätze dienen, können auch gotische Kirchen zwischen ihren Strebepfeilern Parkplätze bieten. Nicht mehr nur Wind und Wetter, sondern Luftverschmutzung und Erschütterung durch Schwerlastverkehr nagen an der Substanz. Und wenn das schon die Plagen des vorigen Jahrhunderts waren, so stellen uns heute die klimatischen Veränderungen vor einfachste Schutzprobleme abseits aller denkmalpflegerischen Detailerwägungen –Starkregen, Überschwemmungen, Stürme. Alle Fragen, welche heutige Gesellschaften beunruhigen, dringen also auch in die gewohnte Systematik der Pflege ein und zwingen die Denkmalpflege, ihre Insel zu verlassen und die Existenzfähigkeit von Denkmalen von diesen sich kontinuierlich verschärfenden

Rahmenbedingungen her zu denken. Bloßes Fortschreiben der bestehenden Praxis führte nur zu weiterer Demontage.

Die größte Frage bleibt natürlich, ob die Denkmalgeschichte überhaupt weitergeht. Dass wir heute einen ganzen Satz von Baudenkmalen haben, die sich bereits der durchgesetzten Industrialisierung der Produktion und der begleitenden Mobilisierung und Beschleunigung aller Lebensverhältnisse verdanken, reicht nicht aus, um diese Frage zu beantworten. Dass man mit den Denkmalen der Moderne einen Grenzfall erreicht hat, zeigt sich daran, dass sie die Denkmalpflege in einen Bruch mit ihren klassischen Pflegeprinzipien verstrickt haben – nicht weniger als eine Umkehrung der Regeln. Entscheidend wird aber sein, ob man auch jüngste, etwa die gerade heute entstehenden Bauten irgendwann unter Denkmalschutz stellen kann.

Es gibt gute Gründe, daran zu zweifeln. Als man vor einem Halbjahrhundert anfing, Inkunabeln der ersten Moderne unter Schutz zu stellen, brach unterm Eindruck des damaligen bauwirtschaftlichen Gigantismus nahezu gleichzeitig die gesellschaftliche Zustimmung zum Erscheinungsbild der baulichen Moderne ein. Wenn heute Bauten jener Zeit wieder abgerissen werden, gibt es zwar energische, oft geradezu schrille Proteste einiger Experten, aber keinerlei gesellschaftliches Bedauern. Gewöhnung ist kein Erhaltungsgrund. Ob die im Einzelfall gegebene vermehrte architektonische Sorgfalt erkennbar wird und damit Zustimmung oder gar Begeisterung erzeugt, ist nicht abzusehen.

Für eine überzeugende Bestätigung müsste es ohnehin erst eine ausreichende zeitliche Ferne geben. Die gewohnten Bewertungskriterien werden von der realen Entwicklung weniger verungültigt als überholt. Alles sieht eher nach einem bleibenden Begründungsdefizit aus. Denn womit will man die Bauten von heute – über ihre bloße Funktionalität hinaus – der Gesellschaft empfehlen, die ja deren besondere Erhaltungsbedürftigkeit erkennen und finanzieren soll? Kann es ausreichen, dieses oder jenes Exemplar als Zeugnis eines historischen Zeitpunkts, eines bestimmten technischen Erfolgs oder einer zeitästhetischen Typik unter Schutz zu stellen? Eine Denkmalwürdigkeit, die bloß historische Signifikanz oder eine bloße ästhetische Distanzierung im Auge hat, wäre fassungslos. Und dies innerhalb einer von ständigem Innovationszwang gejagten Gesellschaft, die für die gesellschaftliche Funktion des Denkmals als Gegenwart des Vergangenen zunehmend geringere Aufnahmefähigkeit zeigt.

2 Kritik des Sachstands

Der Pferdefuß der Staatlichkeit

Dass Denkmalpflege Staatsaufgabe ist, ist kontinentaleuropäisch eine Selbstverständlichkeit. Impliziert ist: Es geht nicht ohne Zwang – das europatypische Misstrauensvotum gegenüber der Zivilgesellschaft. Das Modell empfiehlt sich von vornherein durch seine Effizienz: Nächst dem modernen Wirtschaftsunternehmen ist der Verwaltungsstaat die zweiteffizienteste gesellschaftliche Organisationsform überhaupt. Die Denkmalpflege ist damit nicht nur staatlich garantiert, sondern hat Teil an dessen Vorzügen: Rechtsstaatlichkeit und Verfahrenssicherheit. Eingebunden bis hin zur Zuständigkeit der Verwaltungsgerichte im Konfliktfall, sind Denkmalpfleger Beamte im Vollsinn, ihr Instrumentarium ist die Zuständigkeit per Denkmalgesetz und Handeln per Verwaltungsakt.

Wo liegt der Pferdefuß? Verwaltung ist ein strikt formales System, also durch eine hohe Gleichgültigkeit gegenüber den Verwaltungsgegenständen ausgezeichnet. Dass das zum Einzelfall oft quersteht, gehört zu den Nebenkosten, die jeder Staat in Kauf nimmt. Die Denkmalpflege hat, anders als etwa die Sozial- oder die Schulverwaltung, primär nicht bloß mit sozialen Verhältnissen zu tun, sondern mit einem überdeterminierten Objekt, dinglich, materiell vorhanden, zugleich aber mit gesellschaftlich-kulturellen Bewertungen hinsichtlich seiner ästhetischen Qualität bzw. seiner historischen Relevanz ausgegrenzt, zugleich Gegenstand jeweiliger privater oder öffentlicher Nutzung mit all ihren lebenspraktischen, kulturellen, wirtschaftlichen Umständen. Die umstandslose Übertragung von Verwaltungsverfahren und Verwaltungsrecht auf das Kulturphänomen Baudenkmal ist darum nichts, was der Sache äußerlich bleiben könnte: Auch wenn man sich andere Handlungsformen nicht vorstellen mag, wird man zugeben müssen, dass damit von vornherein eine Spannung zwischen der Enge des Handlungsmodells und der Weitläufigkeit des Gegenstands gegeben ist.

Erklärt sich die Staatlichkeit dadurch, dass allein der Staat fähig schien, den Schutz historischer Bauten wirksam zu institutionalisieren, so lag doch der eben gekennzeichnete Zwiespalt von vornherein vor. Es waren seit dem späten 18. Jahrhundert bürgerliche Intellektuelle, die im Zuge der Aufklärung die Erhaltung und aktive bautechnische Pflege historischer Bausubstanz propagierten und in die Wege leiteten. Doch zur Institutionalisierung kam es nicht über Bildung einer zivilgesellschaftlichen Vereinigung, sondern dadurch, dass Staatsregierungen eine Aufsichtsfunktion schufen und Denkmalgesetze erließen. Im deutschen Kleinstaatengewirr gelang das, anders als im zentralistischen Nationalstaat Frankreichs, allerdings nur über einen erstaunlich langen Zeitraum hinweg, durch vereinzelte fürstliche Dekrete. So oder so etablierte sich der Denkmalschutz also von oben nach unten.

Trotzdem ist die frühe Denkmalpflege, so staatlich sie auftrat, mit der heutigen Verwaltungsförmigkeit der Denkmalpflege nicht zu vergleichen. Die Institutionalisierung erfolgte stets nur durch Ernennung einer einzelnen zuständigen Person. Dieser Generalkonservator war ein General ohne Truppe. Von einem Ankommen des Denkmalschutzes auf Landkreis- und unterster kommunaler Ebene konnte also im ganzen 19. Jahrhundert noch keine Rede sein. Der flächendeckende Behördenaufbau auf unterer Ebene sowie deren Einbindung in die Kommunalverwaltung sind überhaupt erst ein Ergebnis der zweiten Hälfte des 20. Jahrhunderts. Der Unterschied ist so auffällig, dass man von einer Zweizeitigkeit der Entwicklung der Denkmalpflege mit nahezu gegensätzlichen Denkmalkulturen sprechen muss.

Die erste, kulturgeschichtlich gesehen romantische Phase des Denkmalschutzes erfasste Monumentalbauten. Man wollte Schlüsselbauten der Vergangenheit erhalten, allesamt öffentliche Bauten, die sich durch ein vormodernes Ineinander von Herrschaft, Glauben und herausragende Architektur auszeichneten. Von heute aus gesehen war sie also von einer, demokratisch geurteilt, inakzeptablen Einseitigkeit. Die Logik dieser Eingrenzung wird heute allerdings gern übersehen. Ihr liegt die juristische Maxime zugrunde, der Staat sei nur für öffentliche Bauten zuständig, handele also, indem er diesen Bautenbereich erhält, als verantwortlicher Eigentümer.

Damit umschrieb der enge Zusammenhang von ästhetisch-historischer Bedeutsamkeit und Staatseigentum eindeutig die Gruppe der zu schützenden Baudenkmale. Ein Urteil über die Denkmalwertigkeit von Zivilgebäuden war damit weder nötig noch schon beabsichtigt (Schinkels Aversion gegen den gewöhnlichen Barock war seine Privatsache): Diese privaten Bauten konnten historisch oder künstlerisch noch so wertvoll sein, als privates Eigentum gehörten sie in die Kompetenz nicht des Staates, sondern der bürgerlichen Gesellschaft.

Der Denkmalbegriff, der Friedrich Schinkels Memorandum von 1815 zugrunde liegt, realisiert also lediglich die Grundüberzeugung des frühen Liberalismus hinsichtlich der Grenzen des Staates: Dieser soll weder eingreifen noch fremde Lasten übernehmen. Das machte im Grunde noch eine weitere Folgerung möglich. Schinkel – er war Konservator nur kraft seiner allgemeinen Kompetenz als Oberbaurat – forderte zwar, wenngleich zu seinen Lebzeiten vergeblich, eine eigene Behörde. Er sah sie aber nur für die Oberaufsicht vor. Die praktische Pflege wollte er dagegen weitgehend in der Hand ehrenamtlich tätiger Bürger legen. Diese Aufspaltung der Zuständigkeit hatte ihr Vorbild in der Einrichtung der Stein'schen Städtischen Selbstverwaltung von 1808, war also, wenn man auf deren erfolgreiche Einführung und ein Jahrhundert währende Dauer blickt[6], durchaus realistisch und zeitgemäß.

Dem ist die weitere, zunehmend autoritäre Entwicklung allerdings nicht gefolgt. Ferdinand von Quast, der erste, 1843 eingesetzte preußische Konservator, war mangels eigener Behörde weitgehend auf sich gestellt, obwohl für das gesamte, von Kleve bis Posen reichende preußische Staatsgebiet zuständig, und er stützte sich auf die mehr oder minder freiwillige Interessiertheit und Mitarbeit der staatlichen provinzialen Baubeamten. Das Amt des Generalkonservators war, ob Bayern, Preußen, Hessen, Hannover usw., nicht mehr als staatliche Kompetenz in der Reichweite einer einzelnen Person. Dem entsprach die Enge der Arbeitsbedingungen. Im weitaus größten deutschen Teilstaat, Preußen, war Ferdinand von Quast die einzige zur Verfügung stehende Person, kein Büro, nicht einmal ein Gehalt – seine Tätigkeit finanzierte er aus seinem Gut Radensleben –, das Ergebnis abhängig von persönlicher Kompetenz: der Schulung als Vermesser und Architekt wie von Kennerschaft und Urteilsfähigkeit. Der zivile Beitrag reduzierte sich auf die ehrenamtliche Tätigkeit freier Architekten für Bauaufnahme und Forschung, zunehmend auch der Architektenvereine und entstehenden Heimatvereine, die zwar initiieren konnten, denen aber keine amtliche Kompetenz zukam.

Gegen Ende des 19. Jahrhunderts hatten sich alle Parameter so entscheidend verschoben, dass mit diesem Zeitpunkt der Beginn einer zweiten Phase zu konstatieren ist, an deren Endpunkt wir heute stehen. So wenig es dem deutschen Bürgertum gelungen war, die autoritäre Staatlichkeit der Bismarck'schen Reichsgründung zu brechen – der Gesichtspunkt des aufgeklärten

6 Ludovica Scarpa: Gemeinwohl und soziale Macht. Honoratioren und Armenwesen in der Berliner Luisenstadt im 19. Jahrhundert, München u. a. 1995.

Staatsbeamten war angesichts der kulturellen Dominanz des Bürgertums kein zureichender Schlüssel mehr. Vielmehr wurde dieser Standpunkt seinerseits denkmalgeschichtlich historisiert, indem von nun an der Tod Schinkel die Zeitgrenze dafür formulierte, was, gehörig weit zurückliegend, als Denkmal in Betracht kam.

Das von Schinkel formulierte, von Quast und Kollegen exekutierte System musste schon deshalb irgendwann einbrechen, weil spätestens ab der Mitte des 19. Jahrhunderts das fachliche Urteil darüber, was als Denkmal zu bestimmen sei, von den Baubeamten an die der Kunstwissenschaft übergegangen war, anders gesagt, vom Staat an die bürgerliche Gesellschaft. Aus Sicht der Kunstwissenschaftler war es gleichgültig, ob ein Denkmal staatlich, kommunal, Kirchen-, Stiftungs- oder Privateigentum sei. Was zählte, war der Kunstwert, zunehmend aber auch die bloße entwicklungsgeschichtliche Bedeutsamkeit. Damit war bereits angelegt, dass unter Umständen auch ganz primitive Bauten erhaltenswert sein könnten. Gleichzeitig entdeckte das Bürgertum, während es privat aus den engen, technisch veralteten Altstädten desertierte und in luftige Neubauviertel zog, den ästhetischen Reiz der historischen Altstädte. Im Blick auf Nürnberg oder Rothenburg stiegen somit herausragende Bürgerhäuser zu ebenbürtigen Gegenständen des Kunstinteresse auf. Gleichzeitig verabschiedeten sich im Zuge der Frühmoderne die Architekten von Fassadenhistorismus und Rationalismus der klassizistischen Entwurfspraxis und griffen in ihren Entwürfen auf die Beweglichkeit vormoderner Bürgerbauten zurück.[7]

Allerdings gab es noch keine gesetzliche Handhabe, um ein Gebäude, egal ob Romanik oder Klassizismus, unter Schutz zu

7 Paradigmatisch Paul Mebes: Um 1800. Architektur und Handwerk im letzten Jahrhundert ihrer traditionellen Entwicklung, 2 Bde., München 1908.

stellen, solange es sich um Privateigentum handelte. Vielmehr ging die kunstwissenschaftliche Entdeckung zum Leidwesen der Fachleute Hand in Hand mit einer beispiellosen Abrisswelle zugunsten moderner Neubauten. Das sollte auch lange noch so bleiben – noch in den 1950er und 1960er Jahren kam es in Westdeutschland vor, dass ein Bauwerk der Spätromanik für einen Kaufhausbau abgerissen wurde.[8] Aber die Kategorie war nunmehr unweigerlich im Blick der Spezialisten. Bürgerbauten wurden von Fall zu Fall beschrieben, vermessen, fotografiert und darüber schrittweise zu einem Gegenstand des öffentlichen Bewusstseins. Es war nur eine Frage der Zeit, wann auch das Bauernhaus in den Gesichtskreis von Kunstwissenschaftlern, Heimatschützern und Volkskundlern treten würde.

Der darüber entstehende und immer breitere Kreise bis zur Entstehung der Heimatschutzbewegung einbegreifende Öffentlichkeitsdruck musste, wenn man nicht alles dem Immobilienboom nach 1871 überlassen wollte, früher oder später zu einem formellen Schutz führen. Das entscheidende Hindernis war das Privateigentum. Voraussetzung einer rechtlichen Zuständigkeit des Staates für den Schutz privater Bauten vor Abriss oder Defigurierung war also, dass es überhaupt erst einmal zu einer allgemeinen gesetzlichen Grundlage des Denkmalwesens kommen musste, welche die selbstgewählte Enge des romantischen Denkmalsbegriff öffnete und die bisher lediglich auf Dekreten beruhende staatliche Denkmalpraxis ablöste.

Allerdings konnten die frühen Dekrete das Modell vorgeben – eine erste Denkmalverordnung hatte ja bereits 1812 das Großherzogtum Baden erlassen. Wollte man darüber hinauskommen, war aber ein Verfassungsproblem zu lösen. Die Reichsverfassung

8 Z. B. das »alte Rathaus« in Stadthagen, 1969: Anita Wiedenau: Katalog der romanischen Wohnbauten in westdeutschen Städten und Siedlungen, Tübingen 1983, S. 238.

von 1871 enthielt da noch keinerlei Maßgabe – da dies in die Kompetenz der zwar nicht mehr souveränen, wohl aber weitgehend selbständig gebliebenen Teilstaaten eingegriffen hätte, war es von vornherein ausgeschlossen. Nicht zufällig war es Frankreich, das Land Viollet-Leducs, das als erstes, 1887, ein förmliches Staatsgesetz erließ.

Das erste deutsche Denkmalschutzgesetz brachten nun weder Bayern noch Preußen zustande, die Hochburgen königlich protegierter romantischer Denkmalpflege. Das Großherzogtum Hessen machte 1902 den Anfang. Damit war im Reich der Bann gebrochen, und die anderen Teilstaaten zogen nach. Eine reichsgesetzliche Verpflichtung konnte allerdings, dank der Entmachtung all der regierenden Häupter der Teilstaaten, erst die Weimarer Verfassung von 1918 formulieren. Bezeichnenderweise findet sie sich nicht in der Wirtschaftsgesetzgebung, sondern im Kulturkapitel, wo sie, ein deutliches Zeichen der Verlegenheit, völlig unorganisch an die Bestimmungen zu Kunst- und Wissenschaftsfreiheit und Schulwesen angehängt wurde. Unter dem Gesichtspunkt Kultur wurde aber bereits die ganze Reichweite ausgefahren. § 150 WV besagt: »Die Denkmäler der Kunst, der Geschichte und der Natur sowie die Landschaft genießen den Schutz und die Pflege des Staates.«

Das Grundgesetz von 1949 hat sich von diesem Zentralismus zugunsten der Länder wieder verabschiedet. Das Wort Denkmalschutz kommt in seinem Text überhaupt nicht vor. Ersatz bietet lediglich der berühmte Art. 14, der zwar das liberale Postulat der Unverletzlichkeit des Eigentums wiederholt, dessen Gebrauch aber in Absatz 2 zugleich entscheidend durch das Gebot eingegrenzt wird, dem Allgemeinwohl zu dienen. Inwieweit damit überhaupt an den Denkmalschutz gedacht war? Absatz 3, welcher Vorschriften für mögliche Enteignungen bringt, spricht eher dagegen. Den Hintergrund bildet wohl die seit den 1920er Jahren geläufige wirtschaftswissenschaftliche Kritik des Monopols.

Der Freiburger Ordoliberalimus sollte ja dann auch noch längere Zeit die Wirtschaftspolitik der Bundesrepublik bestimmen.

Auf das Problem Privateigentum war allerdings bereits das hessische Denkmalschutzgesetz von 1902 gestoßen. Der Liberalismus war um 1900 noch nicht so tot, dass man es ignorieren konnte. Der Staat, sah man, überschritt mit dem Gesetz eine Grenze, indem er – im Unterschied zur Besteuerung – nicht etwa bestehende Rechte der Landesherrschaft geltend machte, sondern in ein bisher den Privaten überlassenes Gebiet eingriff: das Gestaltungsrecht der Besitzer. Ein formales Modell hierfür bot zwar das Baurecht an: Jahrhundertelang waren Bestimmungen zum Brandschutz und uraltes Nachbarschaftsrecht zu einem komplexen Baurecht zusammengewachsen, das erheblich in die technische Bauherstellung eingriff. Rechtlich war das so lange kein Problem, wie der Staat sich damit auf das ihm gleichsam von Natur aus zustehende Prinzip der Gefahrenabwehr berief.

Das liberale Postulat, Eingriffe in das private Eigentum seien zu vermeiden, war auch nicht so einseitig, wie es inzwischen gesehen wird. Es umfasste mit der Freiheit auf eigenem Grund und Boden auch die der Gestaltung. Der absolutistische Staat hatte bedenkenlos Ästhetik verordnet – Gleichförmigkeit der Baukörper und vorgeschriebene Fassaden, Bauen im geometrisierten Planschema von Neustädten und Stadterweiterungen –, die als Embleme der Herrschaft zu lesen waren. Das war gerade der Punkt, den man mit dem Eintritt ins Zeitalter der Verfassungen abgeschüttelt hatte. Das war selbst im konservativen deutschen Staatensystem nicht mehr tolerierbar. Bei aller baurechtlichen Einschränkung der bürgerlichen Baufreiheit bildete zumindest die Fassadengestaltung den sichtbaren verbliebenen Beweis der individuellen bürgerlichen Baufreiheit.

Indem der Staat bestimmte Objekte – Anfang noch sehr wenige – per Gesetz als nationales Kulturgut unter Schutz stellte, verhinderte er nicht nur den Abriss, sondern auch Modernisierungswünsche. Preußische Provinzialkonservatoren des frühen 20. Jahrhunderts sahen auch kein Problem, wenn sie eigenhändig vorzeichneten, wie, wenn überhaupt, etwas zu verändern sei. Das Abrissverbot zog also das Gestaltungsgebot nach sich. Insofern eröffnete der Staat über seine Gesetzgebung eine förmliche Teilenteignung. Auf das Einzeldenkmals gesehen: Das Objekt bleibt, wie es steht und liegt, in der Hand seines Besitzers, in seiner besonderen Eigenschaft als Kulturgut gehört es jetzt allerdings der Allgemeinheit, mit der Folge, dass die Art und Weise, wie der Besitzer mit ihm umgehen darf, bis ins Einzelne durch Gebote bzw. Verbote der Denkmalbehörde reglementiert werden kann.

Der Art. 150 WV stieß denn auch spontan auf Gegenwehr. Ausgehend von einer Klage gegen das Hamburger Denkmalschutzgesetz von 1920 »qualifizierte der 6. Senat des Reichsgerichts die Eintragung in die Denkmalliste als Enteignung.«[9]

Durch dieses Urteil von 1927 und weitere nachfolgende Entscheidungen des Leipziger Gerichts wurde der Art. 150 weitestgehend unwirksam. So würde heute natürlich kein Verwaltungsgericht mehr entscheiden. Dem steht schon die Gemeinwohlklausel des Art. 14 GG entgegen, die das Denkmalproblem gar nicht im Blick hat. Das Problem ist damit allerdings nicht aus der Welt. Der Vorrang der Allgemeinwohlbestimmung, auf dem jedes Denkmalgesetz aufsetzt, mag im Grundsatz noch so akzeptiert sein, er leidet aber an der ungeklärten Verknüpfung mit den Problemen des Einzelfalls. Juristischer Ansatzpunkt könnte die unbefriedigende Austarierung von Enteignung und Entschädigung sein, mit der Art. 14 Abs. 3 GG befasst ist. Aber

9 Helmut Rittstieg: Eigentum als Verfassungsproblem. Zu Geschichte und Gegenwart des bürgerlichen Verfassungsstaates, Darmstadt 1975, S. 266.

das setzte die Anerkennung dessen voraus, was ich oben die Teilenteignung genannt habe. Darauf ist nicht zu hoffen, obwohl Denkmalbescheide im Einzelfall durchaus, wie in etlichen Streitfällen von juristischer Seite vorgetragen wurde, hart an den Rand der Enteignung führen. Im Streitfall entscheidet bestenfalls das Verwaltungsgericht, wie weit in das private Eigentumsrecht eingegriffen wurde bzw. werden darf. Was zumutbar ist, ist juristisch dehnbar.

Deshalb ist es eine durchaus noch offene Frage, ob und welche Konsequenzen aus dem Moment Teilenteignung für das denkmalpflegerische Verordnungswesen zu ziehen sind. Geht man davon aus, dass die Unterschutzstellung als solche vom Allgemeinwohlprinzip gedeckt ist, so ist sie angesichts der angelsächsischen Praxis zumindest nicht alternativlos. Allerdings liegt sie so zuverlässig im Hauptstrang kontinentaler staatsrechtlicher Tradition, dass die staatliche Regelung unter dem Gesichtspunkt verlässlichen Schutzes nicht mehr wegzuwünschen ist. Die Zeiten ohne gesetzliche Regelung haben ausreichend bewiesen, welche Verluste an historischer Substanz durch Wirtschaftsegoismus, Eigensinn, Gleichgültigkeit, Unwissen oder Mittellosigkeit der Privaten möglich sind. Ob man sie zivilgesellschaftlich ersetzen könnte, bliebe in einer so staatsfixierten Gesellschaft wie der unsrigen auch erst zu beweisen, selbst wenn der politische Wille zur Freistellung vorhanden wäre.

Problematischer ist die praktische Ausübung der staatlichen Schutzfunktion. Praktisch heißt Staatlichkeit, dass es zwar eine zuständige Behörde gibt, aber dahinter keinen besonders ausgeprägten staatlichen Willen. Für die Politik ist Denkmalschutz eine ungeliebte Last, auf Bundesebene inexistent, auf Landesebene notgedrungen mitgeschleppt, vermutlich die letzte unter ihren zahlreichen Verantwortlichkeiten. Die Halbheit zeigt sich am deutlichsten in der Finanzierung. Finanziert wird im

Wesentlichen die eigene Behörde. Die Folgekosten dagegen, welche die Unterschutzstellung erzeugt, werden verschoben. Da heute die überwiegende Menge eingetragener Baudenkmale private Bauten und Anlagen betrifft, kommt es in der Praxis regelmäßig zu einer einseitigen, daher ungerechten Lastenverteilung. Unterschutzstellung und Genehmigungspraxis bei baulichen Maßnahmen sind staatlich, die finanziellen Lasten bleiben an den Privaten hängen. Der Staat hält sich, solange es nicht um Sanierungsprogramme im übergeordneten Interesse der Wirtschaftsförderung und politischer Opportunität geht, so gut wie ganz aus der Finanzierung heraus. Die steuerrechtlichen Abschreibungsmöglichkeiten sind dafür kein auch nur annähernd angemessener Ausgleich. Sie entlasten vorrangig wohlhabende Private bzw. Unternehmen und Fonds. Für Private geringerer Einkommen, und das sind oft gerade die am Denkmal mit Leib und Leben interessierten Eigentümer, bilden sie keine adäquate Entlastung.

Was an Staat übrigbleibt, ist die Behördentätigkeit. Hier zeigt er, was er kann. Die Klienten des Denkmalschutzes stehen einer Verwaltung gegenüber, die mit dem System des 19. Jahrhunderts kaum noch vergleichbar ist. Obere und untere Ebene haben sich zu eigenen Verwaltungskörpern ausgewachsen, die obere für Aufsicht und Inventarisierung zuständig, die in die Bauämter der Landkreise oder Kommunalverbände integrierten unteren Ämter für Genehmigung und Kontrolle im Einzelfall. Die exponentiell angewachsene Menge ausgewiesener Baudenkmale erzeugt, da zwangsläufig durch Routine aufgefangen, das entsprechende Übergewicht verwaltungstypischer Verfahrenskorrektheit über das Denkmalinteresse.

Andererseits sind die unteren Behörden eng in die kommunale Verwaltung – Stadt oder Landkreis – eingegliedert, Kultur-, eher noch Wirtschaftsverwaltung. Im Konfliktfall schlägt dabei das kommunale Wirtschaftsinteresse von Fall zu

Fall den Denkmalschutz. Damit gehört der Maulkorb – sich bei Abriss eines einer Investition oder auch kommunalen Pläne im Wege stehenden Denkmals nicht öffentlich äußern zu dürfen – zu den Grunderfahrungen des Denkmalschützers. Der Fall betrifft darüber hinaus vorwiegend öffentliche Gebäude, zeigt also eine typische Doppelmoral. Nicht nur Städte, auch Länder machen bedenkenlos von der Möglichkeit Gebrauch, sich vom Denkmalrecht zu dispensieren und, ob Abriss oder Umbau, jeweiligen wirtschaftlichen oder politischen Interessen den Vorrang zu geben. Die zuständigen Denkmalbeamten haben, da weisungsabhängig, Grund, sich zu fügen: Im Zweifelsfall ist die Stelle wichtiger als das Denkmal.

Erosion des Denkmalbegriffs

Wenn es im Denkmalverständnis und in der Auswahl der Objekte in den letzten fünfzig Jahren eine entscheidende Wendung gegeben hat, dann war diese vor allem quantitativ: die enorme Ausweitung der Denkmalfähigkeit und das daraus folgende Ausgreifen der Denkmalpflege auf immer weiter gefasste Randbereiche ihrer Zuständigkeit. Das schlug unmittelbar auf den überkommenen Denkmalbegriff durch: Die Begründung, was Denkmal ist und was nicht, entfernte sich, im Einklang mit der Denkmaltheorie, von Kunst- und Baugeschichte immer weiter in benachbarte Disziplinen wie Erinnerungskultur und Geschichtspolitik. Vom klassischen Wertekanon, auf dem noch die Denkmaltheorie um 1900 aufsetzte, ist nicht mehr viel übrig.

Dazwischen liegen natürlich auch hundertzwanzig Jahre technischen, sozialen, politischen und kulturellen Wandels, die das Arbeitsgebiet gründlicher umgepflügt haben als die zerstörerischsten Kriege: u. a. ein demokratisiertes Geschichtsverständnis, Abbruch der jahrtausendalten Tradition handwerklichen Bauens, technische Quantensprünge, die ganze Gebäudegruppen für ihre bisherigen Zwecke unbrauchbar machten. Dass die Denkmalpflege darauf reagieren musste, steht außer Frage. Nicht zuletzt wurden ihr die Vermehrungen von außen an- und aufgetragen. Textlich hat sich das Begründen, warum dieses Objekt ein Denkmal ist, zwar nicht geändert – nach wie vor gelten die vier Merkmale ästhetischer, geschichtlicher, wissenschaftlicher und stadtbildlicher Bedeutsamkeit. Aber durch selektive Anwendung – ein Faktor reicht – war der Vermehrung keine Grenze gesetzt, und darüber hat man nicht weniger als den leitenden Kompass verloren.

Der mehrheitlich zur Vermehrung drängende Faktor war nicht zufällig der Geschichtswert. Wenn er, und nicht mehr der Kunstwert, das zentrale Kriterium der Auswahl bildet, verschiebt sich der Fokus der Auswahl qualitativ. Die Historisierung des Begründens hebt dieses auf eine Ebene, die durch Qualitätsurteile nicht einzugrenzen, dafür aber ganz anders für zeitgeistige Wendungen und politische Indienstnahmen zu brauchen ist. Der historische Zugriff urteilt nicht qualitativ, sondern illustrativ: Das Denkmal wird zum Beispielfall für bestimmte historische Phasen, während das Auswahlkriterium Wichtigkeit für ein demokratisches Geschichtsverständnis kaum noch ausreichend zu handhaben ist. In der Folge übernimmt zunehmend die Tätigkeit des Sammelns.

Damit steht die Denkmalpflege nicht allein da. Sie machte nur einer Entwicklung mit, die im Gesamt kultureller Tätigkeit läuft. Der treibende kulturelle Impuls drängt ja überall auf die Schleifung des kulturellen Monuments. Der Poststrukturalismus des vorigen Jahrhunderts hat durchgehend in den Kultur- und Geisteswissenschaften die übersichtliche hierarchische Ordnung des bürgerlichen Wissens in ihre Einzelelemente aufgelöst. Kulturwissenschaftlich beispielsweise wurde alles zu Text, ob Schiller, Boulevardzeitung oder Werbung, die

Formate Buch, Funk, Film. Fernsehen, Foto, Plakat verloren ihren unabhängigen Status zugunsten ihrer Subsumtion unter den Medienbegriff, Untersuchungsansätze wurden wichtiger als die untersuchten Inhalte, reale Handlungen wurden identitätstheoretisch zu Diskursen umetikettiert.

Eine durchaus logische Folge war der Aufstieg des Archivs zum Hort kultureller Selbstbestätigung. Nach außen zeigt sich das in der exponentiellen Vermehrung der Sammlungen aller Art, am dramatischsten im klassischen Archiv selbst. Archive können sich, gesetzlich zum Sammeln verpflichtet, nicht wehren, und wenn es einen Berufsstand gibt, der inzwischen nicht umhinkann, die Übermacht nicht nur des zu Vielen, sondern vor allem die des Insignifikanten zu reflektieren, dann sind es die Archivare[10]: Personell gar nicht in der Lage, die Mengen noch sachgerecht zu erschließen, sehen sie einer Aufschüttung zu, die den Sinn des Bewahrens unter sich begräbt.

Ein im Wesentlichen archivierender Denkmalschutz kann nur auf einen vergleichbaren Zustand zulaufen, auch wenn er den Vorteil hat, dass die Objekte nicht an einer Stelle zusammengeführt werden müssen, sondern am Ort verbleiben. Damit entfällt zwar die sinnliche Greifbarkeit des Zuviel, nicht aber der Tatbestand selbst. Dieser schlägt sich in den Inventaren nieder, als Mengenwachstum wie in der kompensierenden Auffaltung bzw. Terrassierung des Denkmalbegriffs in Objektklassen und Denkmäler höherer und niedriger Ordnung.[11] Der denkmaltheoretische Konsens, der um 1900 den bayrischen

10 In unmissverständlicher Drastik: Pierre Frey: »Apraisel, selection, breeding«: reflexion sur la conservation, in: Tracés n° 20, 19. octobre 2005.

11 Anderes Indiz: das Anschwellen der neueren Dehio-Bände, besonders der ostdeutschen. Der Bd. Westfalen von 1969 hatte 636 Seiten, der Bd. Rheinland-Pfalz von 1984 1217, der Bd. Sachsen II von 19891 1773, der Bd. Thüringen von 2003 1467 Seiten.

oder preußischen Provinzialkatalogen oder Dehios Handbuch zugrunde lag, ist damit definitiv Geschichte.

Ich benenne kurz die jüngeren Wachstumsetappen: Über das neue Instrument der Denkmaltopographie kamen in den 1980er Jahren Bestände der liberalen, auf Basis der Terrainspekulation ab 1860 errichteten Wohnhausarchitektur in den Blick. Das Instrument erlaubte es, entlang der Stadterweiterungen des 19. Jahrhunderts umfangreiche Bestände in minderes Denkmalrecht zu überführten, die bis dahin der Verachtung der Modernisten unterlagen. Die in der gleichzeitigen Geschichtswissenschaft vollzogene Wendung von der Personen- und Ereignisgeschichte zu einer Geschichte der Kornpreise und Löhne usw. erzeugte auf der Objektseite eine neue Aufmerksamkeit für Alltagsgegenstände, Arbeitsinstrumente, für frühindustrielle Maschinen wie z. B. Hammerwerke. Umso mehr rückte nachfolgend der umfangreiche Komplex der Industriearchitektur zum Denkmalgegenstand: Fabriken, Hochöfen, Gasometer, Hafen- und Bahnanlagen, Brücken usw.: die Objektseite des großen kulturhistorischen Themas Industriekultur.[12]

Denkmalfähig hatte diese Industriebauten der Untergang der hochindustriellen Maschinenwelt während des Rationalisierungs- und Automatisierungsschubs der 1960er Jahre gemacht, woraufhin zuerst in England[13], dann überall auf dem Kontinent die Stunde der Industriearchäologie schlug. Der Eintritt des Indus-

12 Beispielsweise: Herrmann Glaser: Maschinenwelt und Alltagsleben. Industriekultur in Deutschland vom Biedermeier bis zur Weimarer Republik, Frankfurt/M. 1981; Jochen Boberg, Tilmann Fichter, Eckhart Gillen (Hg.): Exerzierfeld der Moderne. Industriekultur in Berlin im 19. Jahrhundert, München 1984; Dies.: Die Metropole. Industriekultur in Berlin im 20. Jahrhundert, München 1986.

13 Sie entstand dort, »Industrial Archaeology« bezeichnenderweise von unten, als Trauerarbeit der aus ihren Fabriken in Manchester, Rochdale, Birmingham usw. entlassenen Arbeiter. Eine Gesamtsicht bietet Arthur Raistrick: Industrial Archaeology. An Historical Survey, Frogmore 1973.

triedenkmals in den Kanon der Baudenkmale verlief zwar nicht ganz widerspruchsfrei, am Ende aber erfolgreich.[14] Treibend war auch das ästhetische Motiv. Vielen Industriebauten eignet eine so unmittelbare Monumentalität, dass man sie durchaus mit klassischen Großdenkmalen vergleichen kann. Man müsste blind sein, um die Schönheit etwa eines Hoffmann'schen Ringofens, des Göltzschtal-Viadukts oder der mehrgeschossigen rheinischen, sächsischen oder brandenburgischen Textilfabriken zu ignorieren. Die Begründung des Denkmalstatus hob aber, um wissenschaftlich zu sein, auf die technikgeschichtliche Bedeutung ab. Das veränderte die Beziehung zwischen Bewertung und Objekt. Die Denkmalqualität liegt damit weniger im Objekt selbst als im allgemeinen Dokumentationsinteresse, hebt auf technische Funktion oder Bautypus ab, z. B. Wassertürme, erst recht bei beweglichen Objekten, z. B. Schiffe oder Flugzeuge. Der Spanne, welche den Denkmalschutz dann noch von der privaten Sammelökonomie der Oldtimerfans trennt, ist da schon sehr klein.

Doch ist, trotz der Fülle der Objekte, nicht die Industriedenkmalpflege als solche das Problem – sie betrifft eine im Wesentlichen abgeschlossene Epoche. Sie ist nur Teilbereich einer viel weitergreifenden Verschiebung von ästhetischer hin zu historisch-wissensgestützter Bedeutsamkeit. Das deutlichste Merkmal dieses Vorgangs ist die Marginalisierung des Einzeldenkmals. Dieser Schritt ist so weitreichend, dass er als endogener Entwicklungsschritt der Denkmalpflege nur unzureichend zu erklären ist. Verständlich wird er nur auf dem Hintergrund des gesellschaftlichen Umbruchs, der das zwanzigste Jahrhundert ausmacht, mithin aus den Bedingungen einer im Zusammenbruch der bürgerlichen Welt sich demokratisierenden Massengesellschaft.

14 Axel Föhl: Bauten der Industrie und Technik, hg. v. Deutsches Nationalkomitee für Denkmalschutz, Bonn o. J., S. 129–131.

Damit ist auf ein ganzes Bündel weitgehend externer Faktoren abzuheben. Erstens: der mit der Moderne veränderte Blick auf Architektur. Schon die Frühmoderne vor und um 1900 denkt nicht mehr in Einzelgebäuden, sondern in Baukomplexen, Vorreiter ist der frühe genossenschaftliche Wohnungsbau. Die Stadtplanung geht von marktliberaler Verteilungssystematik zu stadtbildlichen Großfiguren über.[15] Zweitens: Mit der Industrialisierung der Produktion endet die Dominanz handwerklicher Herstellung nicht nur von Gebäuden, sondern sämtlicher industriell herstellbarer Objekte. An die Stelle des schweigsamen Wandels der gebrauchsästhetischen Konventionen tritt Markenkonkurrenz, der Gegenstand zerfällt in Nutzungstypus und aufgebrachte Gestaltung – Geburt des Designs. Das Bauen reagiert mit der Trennung von Formgebung und Tragstruktur, Architektur reduziert sich auf ersteres.[16] Drittens: Die nachholende Demokratisierung der Deutschen nach der Katastrophe des NS-Regimes implizierte eine Umpolung historischer Bedeutsamkeit – statt Nationalfeier Aufarbeitung der Vergangenheit. Mit wachsender Entfernung verblasst darüber aber das Geschichtsbewusstsein selbst, Geschichte wird das Historische als solches, weitgehend unabhängig von distanzierenden Gewichtungen. Viertens: Die gesellschaftliche Aufmerksamkeit emanzipiert sich zunehmend von hochkulturellen Maßgaben. Es zählt, was politisch instrumentalisiert oder aber privat familiarisiert, also mit dem eigenen Leben verbunden werden

15 Die kunsthistorische Reaktion ist mit zwei epochemachenden Publikationen A. E. Brinckmanns (1881–1958) verbunden: 1908 »Platz und Monument«, 1911 »Deutsche Stadtbaukunst in der Vergangenheit«, letzteres nachgedruckt Braunschweig 1985.

16 Paradigmatisch die Entstehung der Architekturmetaphern der ersten Moderne: Übertragung neuer technischer wie historischer Typen – Silo, Schiff oder Säule und Pyramide – auf Gebäude. Zur Geburt dieser modernen Typologie: Werner Lindner: Bauten der Technik. Ihre Form und Wirkung. Werkanlagen, Berlin 1927.

kann. Die individualisierte Erlebniskultur bestimmt, wofür man sich überhaupt interessiert, Kulturmonumente werden insofern als Selbsterlebnisse kodiert (kein Parthenon-Foto ohne zugehöriges *selfie).* Anscheinend banale Alltagskulturen können auf diesem Pfad sogar Museumsrang erhalten.[17]

In der Abfolge der skizzierten gesellschaftlichen Einstellungsänderungen erst erklärt sich der oben festgestellte Prozess schrittweiser Aufweitung der Denkmalfähigkeit, erklärt sich die wachsende Disparität der Denkmale. Politisch geurteilt, ist das eine Demokratisierung des Denkmalwesens, der als solcher nicht zu widersprechen ist: Nicht nur der nationale Glorienschein des Denkmals ist abgestreift, auch der ältere herrschaftsmythische und der sakrale. Das entbindet aber nicht von der Frage, wie man mit dem Mengenproblem fertig wird, wenn das Kriterium historischer Relevanz nicht seinerseits qualitativ eingegrenzt wird. Wenn noch banalste Hinterlassenschaften unter Schutz gestellt werden – siehe die Idolatrie des Berliner Mauerbetons –, unterminiert das nicht zuletzt die Glaubwürdigkeit des Denkmalstatus als solchen.

Das hat auch Folgen für die öffentliche Finanzierung immer dann, wenn der Erhaltungsaufwand nicht auf Private abgewälzt werden kann. Gemessen an den öffentlichen Gesamtausgaben sind die Denkmalkosten, zumal als privatisierte, zwar absolut marginal. Es wäre aber naiv zu meinen, die gesellschaftliche Bereitschaft, immer mehr Denkmale zu finanzieren, sei unbegrenzt. Vielmehr droht eine Überstrapazierung der Akzeptanz – womit sich der Denkmalschutz auf die Dauer selbst zu Fall brächte.

17 So betreiben, unabhängig von der staatlichen Denkmalpflege, Eisenbahn-Oldtimer-Liebhaber die Archivierung und Pflege der Objekte ihrer Begierde. Ein Zeichen dieses Aufstiegs der privaten Welten ist auch der anhaltende Erfolg jener DDR-Geschichtsmuseen, die vorrangig die typischen Gegenstände des einst in der DDR gelebten Alltags zeigen.

Willkürmomente der Pflege

Jede Unterschutzstellung ist gewissermaßen vorläufig – abhängig vom Tempo des Verfalls und von der Zumutbarkeit der Erhaltung, von Naturkatastrophen und Kriegen, vom Reichtum einer Gesellschaft, von politischen und wirtschaftlichen Prioritäten. Erst die tatsächliche Pflege löst, so gut es geht, das Erhaltungsgebot ein. Die Pflege ist ein spannungsreiches Verhältnis von Denkmalamt, Eigentümern, Handwerkern, Architekten, Ingenieuren. Der Anteil des Denkmalamtes ist bloß direktiv (dem Verfall vorbeugen, zu weit gehende Veränderungen vermeiden), setzt aber damit ein hohes Maß an Kompetenz voraus, anders gesagt: persönliche Urteilsfähigkeit.

Wie der einzelne Beamte hinsichtlich eines einzelnen Denkmals entscheidet, folgt also nicht schon aus der Unterschutzstellung. Eben da liegt der kritische Punkt. Was nötig ist, ist nur im Einzelfall zu entscheiden. Das Denkmalgesetz sagt dazu nichts. Die Pflege ist stattdessen auf fachliche Selbststeuerung durch Wissen und Erfahrung, Fingerspitzengefühl und historische Reflexion verwiesen. Es kommt also in hohem Maße, vielleicht in einem zu hohen Maße, auf die persönliche Kompetenz an. Anders gesagt: Der Denkmalpfleger verfügt, verglichen mit dem normalen Beamten, über einen ungewöhnlichen Entscheidungsspielraum, er ist insofern freier als jeder andere Staatsbeamte. Zugleich also auch verantwortlicher und einsamer.

Selbststeuerung durch Wissen und Erfahrung, das ist natürlich eine Kompetenzbeschreibung, die nur weitläufig und in Abhängigkeit von einer Fülle von Variablen auszufüllen und zudem kaum zu reglementieren ist, während die Geschichte des erhaltenden Umgangs mit Baudenkmalen von streckenweise heftigsten Kontroversen und generationsweisen Umschwüngen geprägt ist. Das hat Routinen erzeugt, aber keine konsensuelle Praxis. Kann es überhaupt eine Dogmatik der Pflege geben, wenn alles, was man an Standards und Methodik hat, erst über diese Geschichte zugewachsen ist?

Zwar scheint es mit der berühmten Forderung Georg Dehios, nicht zu restaurieren, sondern zu konservieren, nach wie vor ein leitendes Prinzip zu geben. Aber Dehio bezog sich auf einen Exzess erfindender Rekonstruktion; unmittelbarer Anlass war der Friedrichsbau des Heidelberger Schlosses. Es ging um eine Kurskorrektur, nicht um die Errichtung eines Axioms. Oder hätte er etwa so genaue, bis heute akzeptierte, ja bewunderte Wiederherstellungen der Schinkel-Ära wie die der hochromanischen Basilika auf dem Petersberg bei Halle rückgängig machen wollen? Gegen Ruinenkult hat er sich so vehement verwehrt wie gegenüber der Heidelberger Überreibung.[18] Um erneuerndes Bauen kommt das Konservieren kaum je herum. Insofern ist Restaurieren von den Modalitäten des Konservierens gar nicht ausreichend zu trennen.[19]

Wenn man sich heute noch auf das Postulat von 1906 stützt, dann liegt das an einer Zerstrittenheit heutiger Praxis, die keinen anderen Nenner findet, auf den man sich einigen kann. Es geht ja um einen unmittelbar praktischen Konflikt: Er entzündet sich regelmäßig sowohl an Wiederaufbauprojekten als auch an Vorhaben konservatorischen Rückbaus. Das eine wie das andere ist mit dem Dehio-Postulat nicht recht vereinbar. So berechtigt aber das Postulat um 1900 war – seitdem haben Geschichtseinbrüche eingeschlagen, die man sich um 1900 noch nicht vorstellen wollte. Am Ende des Zweiten Weltkriegs lagen in Deutschland ganze Städte im Trümmern und wurden verkehrs-

18 Texte bei Huse, Denkmalpflege (wie Anm. 3), S. 131–149.
19 Holger Brülls: Restaurieren, nicht räsonieren! Kritik und Legitimation denkmalpflegerischer Verwandlungen am Beispiel des Dessauer Bauhauses, in: Walter Prigge (Hg.): Die Ikone der Moderne. Das Bauhausgebäude in Dessau, Berlin 2006, S. 55–63.

gerecht wiederaufgebaut, mit neuen Baufluchten und typisierten Hauszeilen unter Verzicht auf das gewachsene Parzellengefüge; die Ruinen von Kirche und Rathaus wurden zum Notanker im allgemeinen Desaster, letzte Zeugen historischer Kontinuität. Bei einer bis zu neunzigprozentigen Stadtzerstörung waren sie, ungeachtet ihres eigenen Zerstörungsgrades, die Stellvertreter des Verlorenen – was wäre beispielsweise die Stadt Wesel heute ohne den Wiederaufbau der Stadtkirche St. Willibrordi?

Strittig war allenfalls das Wie. Architekten bevorzugten einen Wiederaufbau in Formen der Moderne, konnten sich aber nur in Einzelfällen durchsetzen. Ein anerkanntes Beispiel ist die modern reformulierte Gotik der Kasseler Martinikirche, während mit dem Modernismus der Stuttgarter Stiftskirche bis heute gehadert wird. Im Allgemeinen beschränkte sich moderner Wiederaufbau allerdings auf neogotische Kirchen – diese meist belanglosen Serienbauten erhielten so überhaupt erst jene Aura des Besonderen, die ihrer industriellen Einfalt abging, etliche gewannen Denkmalstatus. Andererseits erzeugte die denkmalmäßige Rekonstruktion wider Willen eine eigene Modernität: Da sie die verbrannte Einrichtung nicht ersetzen konnte und die verlorenen Ein-, An- und Umbauten der nachfolgenden Jahrhunderte auf sich beruhen ließ, entstand ein Reinheitszustand, der viel von der Voraussetzungslosigkeit und dem Asketismus der Moderne hat, und der bewusste Modernismus der Neuausstattung verstärkte nicht unwesentlich diesen Eindruck. Selbstverständlich gab es auch jede Menge Zwischenlösungen, etwa den Wiederaufbau des historischen Raumes mit offenem Dachstuhl und ohne die ehemaligen Pfeilerstellungen. Jenseits der Alternative, modern oder rekonstruierend wiederaufzubauen, gab es sogar die Möglichkeit, die Ruine selbst zum Denkmal zu machen. Berlin besitzt dazu, ostwestlich konnotiert, zwei Beispiele: In West-Berlin erzwang die Bevölkerung den Erhalt des Turms der Kaiser-

Wilhelm-Gedächtniskirche, der daraufhin eine Bauaufgabe bis heute geblieben ist, in Berlin-Ost rettete die Denkmalpflege die frühgotische Franziskanerkirche als Denkmal für Krieg und Zerstörung, ein Statement, an welchem die Berliner Denkmalpflege bis heute festhält.

Je weiter allerdings die Stunde Null zurücklag, desto dringender meldete sich im gesellschaftlichen Bewusstsein ein Bedürfnis, mehr zu erreichen, als der erste Wiederaufbau zuließ. Der einfachste Fall: Man hadert mit dem modernen Wiederaufbau, siehe zum Exempel die Stuttgarter Stiftskirche. Der nächstweitere Schritt geht auf diejenigen Bauten zu, die, hoffnungslose Fälle, über Jahrzehnte Ruine geblieben waren, das spektakulärste Beispiel bietet die Dresdener Frauenkirche. Unvermeidlich will man aber auch Bauten zurückhaben, die vollständig abgeräumt und nur noch als Loch in der Stadt präsent waren, Kardinalbeispiele dafür sind die Stadtschlösser in Braunschweig und Berlin. Aber was ist das isolierte Einzeldenkmal ohne die Umgebung, die es trug? In einem letzten Schritt ergreift der Verlustschmerz ganze verlorene historische Stadtkerne mit ihren differenzierten Bürgerbauten. Damit ist der methodische Bruch offen und das Streitthema Rekonstruktion endgültig aus dem Bereich der Denkmalpflege heraus. Ob man, was ein verbrecherischer Krieg zerstörte oder der geschichtsloser Wiederaufbaumodernismus beseitigte, wieder aufrichten darf, ist Sache eines allgemeinen Kulturkonflikts geworden, der Architekten und öffentliche Meinung spaltet – somit zu einer Frage politischer Moral.

Für den Methodenstreit der Denkmalpflege ist der Wiederaufbau insofern unfruchtbar. Umso wichtiger wird damit das andere große Streitthema: Rückbau oder nicht. Auch hier hat sich die Entwicklung von der Grundsätzlichkeit des Dehio-Postulats weit entfernt. Es bricht sich ja schon an den praktischen Umständen rein defensiven Erhaltens. Ein Baudenkmal ist normalerweise die Summe seiner über die Jahrhunderte angesammelten Überschichtungen, der An- und Umbauten, Teilabbrüche und Umnutzungen. Wie man damit umgeht, schlägt sich, unabhängig davon, wie vollständig oder selektiv man erhält, als neuer Zustand nieder. Statt um die Grundsatzfrage geht es faktisch um eine Frage der Schichtenbewertung bzw. Schichtenwahl: Sollen alle Eingriffe gezeigt werden, oder darf man eine Schicht privilegieren, und wenn, welche? Wie man mit jeweiligen Schichten umgeht, ist daher fast in jedem einzelnen Fall eine Herausforderung mit offenem Ausgang, abhängig von Bauzustand, technischen und finanziellen Möglichkeiten, zeitbedingten Erwartungen des Publikums und Präferenzen der Zunft. Dafür gibt es auch keine andere Handhabe als die heutigem Geschichtsverständnis entsprechende Notwendigkeit, sich mit jeder identifizierbaren Schicht möglichst vorurteilsfrei und sachgerecht auseinanderzusetzen.

Um dies so deutlich wie möglich zu machen, nehme ich eine praktische Unterscheidung vor: zwischen einer Ober- und einer Unterstufe der Denkmalpflege und -diskussion. Öffentliche Großbauten haben den Vorteil, dass hier die Entscheidungen hinsichtlich einzelner Schichten anhand der Parameter Typus, Stil, Material, Farbe, Licht im Detail sichtbarer sind, also auch öffentlich diskutiert werden. Es muss nicht einmal um größere Rückbaumaßnahmen gehen – allein wie man mit den Oberflächenfaktoren Stuck, Farbe, Licht umgeht, ist kontrovers genug. Ein klassisches Beispiel: Als man ab 1960 an einen Wiederaufbau des teilzerstörten und ausgebrannten Würzburger Doms ging, plädierten die Denkmalpflege für einen Rückgang auf den Bau der Salierzeit, währen der Bischof die Wiederherstellung der barocken Fassung forderte. Man einigte sich auf einen Kompromiss: Reparatur des barocken Raumbildes in den Ostteilen (bei Modernisierung der Ausstattung), Reromanisierung des Langhauses. Schon ein Jahrzehnt später, nach ICOMOS, hätte man letzteres unterlassen[20], heute wohl erst recht. Aber wäre die heutige Entscheidung ideologiefreier? Sie passte nur besser zum pluralen Zeitgeist.

Wenn es überhaupt einen Maßstab gibt, dann kann er nur in einer Art Verabredung zu größtmöglicher Offenheit liegen: herauszufinden, was dem Baudenkmal optimal nutzt. Die Frage kann bei der Schichtenwahl zu überraschend glücklichen Lösungen führen. Als man 1999 St. Jakobi in Göttingen restaurierte, entschied man sich, da die mittelalterliche Schicht nicht mehr greifbar war, für die Fassung der Renaissance: Flächen weiß, tragende Glieder farbig, die Pfeiler in wappenartigen Farbwechsel. Wenn man den Vorzustand kannte – Pfeiler, Bögen, Rippen steinsichtig, die Kappen verputzt –, war dies ein klarer Gewinn; der zuvor fast anonyme Raum ist aufgewacht. Umgekehrt der restauratorische Umgang mit dem Verdener Dom. Hatte die Restaurierung von 1828–32 durch Beseitigung der Seiteneingänge zugunsten einer neuen Vorhalle im Westen und Verstecken der Querschiffarme durch Emporeneinbau die Längsrichtung inszeniert, beseitigte die Restaurierung der 1960er Jahre zwar die Emporen, beließ sonst aber ganz die klassizistische Umorientierung. Die Frage, wo das Schwergewicht des Baus liegt, immerhin eine Inkunabel der deutschen Sondergotik von einiger Fernwirkung, hat man sich offenbar gar nicht erst gestellt – man prämierte das Auffällige und Nächstliegende, die Oberfläche neogotischer Verzeichnung.[21]

20 Bereits der Dehio-Bd. Bayern I: Franken, Bearbeiter Friedrich Piel, Wilhelm Schwemmer u. a., Berlin/München 1979, sah »die Wiederherstellung des Langhauses geleitet von einer intellektualistisch-modernistischen Romanikvorstellung«, S. 907.

21 Ein noch ganz frischer Vergleichsfall auf der Ebene der Lichtführung ist St. Marien in Stralsund. Die neogotische Restaurierung von 1842–47 hatte durch Abschrankung des Chors zum Hallenumgang

Am Ende ist es schlicht das Ergebnis, was die gewählte Lösung bestätigt oder als Fehlgriff deutlich macht. Am Anfang aber steht die Frage der Tolerierbarkeit historisch angewachsener Verzeichnungen eines Bauwerks. Beispielsweise das kleine Wrangelschlösschen in Berlin-Steglitz, als Werk Davids Gillys eigentlich eine Ikone des preußischen Frühklassizismus. Durch verschiedene Umnutzungen, u. a. als Kino, war es so verhunzt, dass nur zwischen Resignation oder grundsätzlichem Rückbau zu entscheiden war: das eine die Verweigerung des Rückbaus, das andere die Wiederherstellung des Originalzustands. Es war in diesem Fall der Landeskonservator, der den Streit zugunsten des Rückbaus entschied, und das Ergebnis gab ihm recht.[22]

Alle genannten Beispiele zeigen, wie wenig im Einzelfall mit dem Bekenntnis zur Gleichrangigkeit aller Schichten gewonnen ist. Die Schichten sind ungleichgewichtig, müssen also beurteilt werden. Was geben sie jeweils her, und was gewichtet man mehr, die Vollständigkeit der historischen Erzählung oder die Erkennbarkeit des Gebäudes? Einerseits gibt es immer mehr geglückte Beispiele der historischen Vielsprachigkeit, z. B. immer dann, wenn an historisch überformten Gebäuden ältere Strukturen

einen Sonderraum geschaffen, im Einzelnen mit einer feinen Dekorschicht überzogen. Die derzeit laufende Restaurierung hat den gesamten Innenraum einheitlich gekalkt, in die Fenster des Chor-Obergadens aber, und nur in sie, grüne Scheiben eingesetzt. Die Überlegung ist klar: Man wollte die neogotische Schicht nicht im einheitlichen Weiß untergehen lassen, sondern als solche ausdrücklich kenntlich machen. Der Chor ist nunmehr in ein biedermeierliches Pastellgrün gehüllt, das auf den ersten Blick so wirkt, als wäre vor ihn eine Gaze gespannt. Damit zerfällt nicht nur der Raum in zwei getrennte Lichtzonen, sondern wird die vorgenommene Gewichtsverteilung durch die Selbstbehauptung der Struktur des 15. Jahrhunderts so eindeutig dementiert, dass der Missgriff nicht belehrt, sondern irritiert.

22 Zu letzterem: Helmut Engel: Ein Methodenstreit, in: Bezirksamt Steglitz (Hg.): Gutshaus Steglitz. Eine Dokumentation aus Anlaß der Restaurierung, Berlin 1995.

wieder aufgedeckt und ausdrücklich sichtbar gelassen werden: ein älterer Mauerbestand, gotische oder barocke Profile, vermauerte Fenster usw. – damit tut sich historische Tiefe auf. Wenn Geschichte immer auch Zerstörungsgeschichte ist, gehören auch Zerstörungsspuren dazu, Aufschlüsse etwa über einen Brand und den Wiederaufbau. Anders, wenn sie nur über die Gleichgültigkeit Auskunft geben, mit der vor sechzig Jahren eine rücksichts- und qualitätslose Modernisierung des Ganzen, einzelner Gebäudeteile oder tragender Details vorgenommen wurde.

In jedem Fall braucht es aber eine schlüssige Begründung, um ein Detail gegen das ganze Gebäude zu setzen. Ab wann ist das Detail geeignet, eine neue historische Schicht zu markieren, und wie wichtig wäre diese gegenüber dem Rest des Gebäudes? Setzt es einen neuen Akzent, der das Gebäude sogar bereichert? Oder bringt es einen politischen Zugewinn? Das wäre z. B. der Fall, wenn es in zureichender Deutlichkeit einen politischen Umbruch markierte und nicht bloß den Einbruch funktionaler Gleichgültigkeit. Der Idealfall der Zustimmung wäre, dass es gerade stören soll, z. B. wenn es in ein ideologisch kontaminiertes Gebäude eine kritischen Fremdkörper setzt, der markiert, dass man schon mit dem Gebäude, einem NS-Bau etwa, ein Problem hat.

Alle bisherigen Überlegungen, so ausführlich sie ausfielen, waren, indem sie den Bereich der Großbauten beobachteten, für diesen unnötig – im Ganzen gesehen sind hier die Dinge im Lot. Sie waren nötig als Propädeutik für den eigentlichen Problembereich der heutigen Denkmalpflege, ihr Untergeschoss. In den alltäglichen Niederungen der Denkmalpflege – z. B. bauliche Veränderungen im Flächendenkmal – verschwindet das Schichtenproblem nicht, aber es kann bis zur Bedeutungslosigkeit schrumpfen, während es andererseits eine zusätzliche sozialpolitische Dimension dadurch erhält, dass die Denkmalentscheidung hier in die meist recht kleinen Verhältnisse der einzelnen Besitzer eingreift.

Die überwiegende Menge denkmalpflegerischer Maßnahmen betrifft eben Routinefälle des bürgerlichen, meist sogar kleinbürgerlichen, bzw. des frühmodernen Wohnungsbaus, oft nicht einmal Einzeldenkmale. Alltägliche Nutzung und ihre enge Verknüpfung mit von Generation zu Generation erfolgenden Wandlungen von Lebensweise, Ansprüchen, verfügbarer Technik und öffentlicher Regulierung üben auf gewöhnliche Häuser einen ungleich massiveren Veränderungsdruck aus. Das gibt zu Grundsatzkonflikten kaum Anlass, Bauforschung ist hier eher die Ausnahme, während die täglich anfallenden Entscheidungsmengen zu Routinen treiben. Die Routineverwaltung konfrontiert Denkmalbeamte und Eigentümer in einem anonymen Zwischenraum, ohne die korrigierende Wirksamkeit öffentlicher Abwägung, auch ohne Aussicht auf gerichtlichen Beistand. Gleichzeitig führt der Routinebetrieb angesichts der anfallenden Bescheidmengen zur Verkümmerung der Begründungspflicht. Es reicht offenbar, auf die Zuständigkeit bzw. den Denkmalstatus hinzuweisen – als begründeten sich die Anforderungen der Behörde von sich aus.

Je geringer der Begründungsaufwand ausfällt, desto leichter kommen natürlich Einseitigkeiten des Fachurteils zum Tragen. Dabei stellt sich das Schichtenproblem auf dieser Objektebene gewöhnlich anhand von Banalitäten, die für die Inanspruchnahme der Gleichwertigkeitsforderung zu wenig hergeben. Trotzdem werden – zumindest soweit ich das in Berlin und Brandenburg beobachten kann –, gerne jüngere und jüngste Eingriffe festgeschrieben, weil sie, obwohl in der Regel qualitätslos, Moderne signalisieren. Dabei erfährt man über sie ja am wenigsten – dass ein DIN-Produkt unbedarft eingesetzt wurde, welchen Erkenntniswert hat das für kommende Generationen? Unter dem Gesichtspunkt der Gleichwertigkeit dürfte der Umstand, wie alt oder jung der Eingriff ist, gar nicht maßgeblich sein. Wenn die Gleichrangigkeit aller Schichten gegen bauhistorische Logik oder ästhetische Wirkung in Stellung gebracht wird, maskiert das abstrakte Gerechtigkeitspostulat eine politische Parteilichkeit. Wie entstellend der moderne Eingriff ist, spielt dann keine Rolle. Dabei wäre gerade dies das zuständige Kriterium.

Die Genehmigungsroutine kommt, insbesondere bei Baumaßnahmen im Flächendenkmal, aber auch ganz ohne Parteilichkeit aus. Es reicht, den Zustand mit allen seinen Zufällen festzuschreiben. Dass es das reichlich gibt, lässt sich wohl kaum bestreiten, auch wenn es für das Ausmaß dieses Vorgehens keine Statistik gibt. Ich kann mich da nur auf die Häufigkeit verlassen, mit der ich davon höre, bzw. auf die Fälle, die ich persönlich kennengelernt habe: Es geht in solchen Fällen nicht um bauherrlichen Vandalismus, den das Denkmalamt zwingend stoppen müsste, sondern darum, dass Hausbesitzer Modernisierungen oder stilistische, z. B. farbliche Neufassungen vornehmen möchten, die Besitzern von Gebäuden ohne Denkmalstatus niemand verbieten kann – neue Fenster, Türen, Stufen im Außenbereich, Sprechanlagen, Anstriche, bestimmte Ziegelformen bzw. -farben. Was die Leute wütend macht, ist die Form der Versagung: Es darf, oder soll, erneuert werden, aber es muss so aussehen wie vorher – etwa darf zwar eine Tür erneuert werden, aber nicht in der Materialtiefe, wie sie für jede Eingangstür im Neubau Norm ist. Das ist seitens des Amtes ohne Böswilligkeit, aber die Betroffenen fragen sich nach dem Sinn dieser Praxis. Sie verstehen sie nicht, müssen sich fügen und bleiben mit Unverständnis und Wut allein.

Im Grunde ist die Aussage: Keine Veränderung. Dabei steht auf dieser Detailebene kaum je eine wirkliche Gefährdung des Baudenkmals an. Mit der Untersagung verteidigt sich eher das Amt, teils um umfassendere Veränderungen von vornherein zu entmutigen, vielleicht auch nur, um sich die Sache einfach zu machen. Keine Veränderung: Zum leitenden Prinzip erhoben, wäre das die Bankrotterklärung der Denkmalpflege. Sie sollte ein Gebäude begleiten, aber nicht stillstellen. Sonst ergäbe sich: Alles, was vorher an Bau- und Umbaugeschichte, an Verschönerungen und Verhässlichungen war, wird akzeptiert, es soll aber nichts mehr hinzukommen. Geschichte hat stattgefunden, ist nun aber, was das Haus betrifft, zu Ende. Eine Pflegepraxis, die sich auf die Norm »keine Bewegung« reduziert, kann natürlich auch die Veränderungen, die sie nicht verhindern kann oder darf, nur als Verlust quittieren, nicht auch, was ja von Fall zu Fall möglich wäre, als Gewinn.

Die Moderne-Krisis

Mit der abstrahierenden Moderne des 20. Jahrhunderts trifft das Instrumentarium einer an vormodernen Bauten entwickelten Denkmalpflege auf einen Objektbestand, der sich ihr zwar noch nicht entzieht, wohl aber ihr einen methodischen Bruch abverlangt. Bauten der Moderne sind eher soziale Maschine als in sich ruhendes Bauwerk. Das eine ist die Industrialisierung des Bauens, die über Normung und Typisierung das herkömmliche Gebäude in seiner Substanz verändert. Das andere ist die überwiegende Entindividualisierung und Anonymisierung der Bauherrenschaft, ob private oder öffentliche Baukonzerne. Die enge Verzahnung beider Ebenen erklärt die Tiefe des Bruchs. Eine einfache Fortschreibung gängiger Praxis ist diesem Bestand gegenüber nicht möglich.

Man mag sich hinsichtlich des Schutzstatus dieses oder jenes Baus der Moderne noch so einig sein – das Problem ist die Pflege. Denn das Modernedenkmal ist veränderungsfeindlich, daher extrem verletzlich. Es muss, um überhaupt als das

Denkmal, als das es gelistet wurde, erkennbar zu bleiben, in einem ganz anderen Maßstab vor nachfolgender Veränderung geschützt werden als alle älteren Baudenkmale. Das impliziert nicht weniger als eine Umkehrung des an historischen Schichten orientierten Pflegeprinzips.

Der Stolperstein ist die Struktur des Neuen Bauens selbst. Die Erste Moderne war offensiv erhaltungskritisch. Man wollte den Bruch mit dem Bisherigen, und das schärfste Signal dessen konnte gegenüber dem unbegrenzte Dauer fingierenden Wilhelminismus[23] nur sein, überhaupt auf den Anspruch auf Dauer zu verzichten. Man rechnete mit kurzen Verfallszeiten, und der Gedanke, das Gebaute würde irgendwann unter Denkmalschutz geraten, wäre der Mehrzahl sozial engagierter Architekten der 1920er Jahre absurd vorgekommen. Zwar waren Meisterarchitekten wie Mies, Le Corbusier, Gropius überzeugt, mit einzelnen ihrer Bauten Baukunst zu schaffen. Die Masse des Gebauten aber war davon schon deshalb frei, weil typisierende Entwurfspraxis, Nutzung industrieller Halbzeuge, Massenproduktion und knappe Finanzierung in die Gegenrichtung trieben.

Heute steht die Zuständigkeit der Denkmalpflege für Moderne außer Frage. Aber das gilt unbestritten nur für die erste Generation des Neuen Bauens. An dieser Schwelle erst einmal Halt zu machen empfiehlt sich schon aus dem Grund, dass an ihren Bauten die Erhaltungsproblematik besonders deutlich wird: eine Architektur erhalten zu müssen, die in ihrer Funktionalität und Materialwahl gerade nicht ewig sein wollte. Umnutzung, Materialverschleiß, Ein- und Umbauten zehren an ihr ganz anders als an ihren Vorgängern. Um als Denkmal erkennbar zu sein, muss es immer gleich, also alterslos bleiben. Es steht somit vom ersten Augenblick an unter Veränderungs-

23 In Frankreich hieß das: Weg mit der Architektur der »pompiers«!

verbot. Es darf keine Geschichte mehr haben, seine ist mit der Erstellung schon zu Ende.

Wenn man diese Bauten nicht abreißen darf, muss man – das Dessauer Bauhaus als Paradigma – kompromisslos rückbauen, damit die verlorene ästhetische Prägnanz des Bauwerks wieder aufscheint. Der Einwand, damit werde ja das Dehio-Postulat, zu konservieren statt zu restaurieren, auf den Kopf gestellt, ist dem gegenüber hilflos. Es bleibt ja, obwohl dies der Fall ist, gar nichts anderes übrig, solange man das Denkmal als solches erhalten will – und das ist nur solange aussichtsreich, wie es so gesehen werden kann, wie es gemeint war.

Man trifft damit auf ein Nebenproblem der Moderne, das Akzeptanzproblem. Stellt man einen Bau der Moderne unter Denkmalschutz, ist das für den gewöhnlichen Laien so wenig evident, dass erklärt werden muss, weshalb gerade dieses Gebäude geschützt wird. Zwischenfrage: Warum hat sich dieses Problem der Moderne nicht über ein Jahrhundert währender Gewöhnung aufgelöst? Die ersten Bauten provozierten noch, insofern waren sie unübersehbar. Inzwischen ist, weil Zentren wie Peripherie mit Gebäuden der Moderne besetzt sind, auch die Umgebung modern. Das Denkmal ist von der Menge nicht geschützter moderner Bauten nicht mehr ohne weiteres zu unterscheiden: Statt sich qualitativ über Funktion und Auftraggeberschaft abzusetzen, ist es gleichlautend mit Funktions- und Erscheinungsweisen ihrer Umwelt. Was es nach wie vor unterscheidet, ist paradoxerweise eine Designqualität, die zugleich vergangen, d.h., nicht von heute und heute so nicht mehr möglich ist.

Oft genug ist eine zweifelsfreie Rückführung eines verschlissenen Modernedenkmals allerdings nicht möglich. Es sind ja meist bereits die akzessorischen Elemente – Fensterprofile, Geländer, Handläufe usw –, die angesichts der weitgehenden Abstraktheit der Kubatur ganz wesentlich die ästhetische Wirkung trugen. Aber die alten Materialen gibt es nicht mehr, weil es die Fabriken nicht mehr gibt, die sie produzierten, und man muss sich mit Ähnlichkeit begnügen. Zudem trifft man auf den Widerstand von Betreibern, Eigentümern, Bewohnern. Was an dieser oder jener Villa von de Velde, Mies oder Scharoun möglich ist und den jeweiligen Kommunen oder Privaten Glanz verleiht, hat bei Reihenhäusern der 1920er Jahre mit ihren jahrzehntelang angehäuften Aneignungsmaßnahmen geringe Aussichten – wollte man etwa den Bewohnern von Dessau-Törten die Normalfenster wegnehmen, die sie anstelle der querliegenden Schlitze eingebaut hatten, die ihnen einst das Büro Gropius zumutete? Der Rückbauwunsch scheitert aber auch bei einem so hochrangigen Bau wie Otto Häslers Aschrott-Heim in Kassel, und zwar daran, dass es noch heute dem Zweck dient, für den es gebaut wurde, sodass es den Pflegebedingungen von heute entsprechen muss.

Der Umstand, dass die Autoren der Ersten Moderne tot sind, steht nun aber, so zufällig er scheinen mag, auch für eine grundsätzliche Zäsur. Der Vorrang ihrer Bauten beruht auf einem gern zugunsten eines umgreifenden Modernebegriffs übersehenen Umstand: Die Gründergeneration glaubte zwar, etwas kategorial Neues zu schaffen, wollte aber weder mit der Rolle des Baukünstlers brechen, noch brach man tatsächlich mit der klassischen Architektur, sondern nur mit der Spätform eines epigonalen Dekoratismus. Faktisch griff der ornamentfreie Kubus auf den frühen Klassizismus um 1800 zurück, hielt also bei aller Abstraktion an der Körpervorstellung des klassischen Kanons fest. Genau da liegt ja der Grund für das frühe Ikonischwerden der Schlüsselbauten.

Der Denkmalstatus ergibt sich daraus allerdings problemlos nur für die Solitäre. Die überwiegende Baumasse der Ersten Moderne besteht jedoch aus Siedlungsbauten, typologisch: aus Zeilen und Reihenhäusern. Hier unterlag die Bauaufgabe entschieden den Bedingungen staatlicher und wirtschaftlicher

Konzentration, die der Erste Weltkrieg hinterließ. Es ging um Typenbauten, die in Serie erstellt wurden. Ein individuelles Bauwerk liegt also nicht mehr vor. Worauf stützt sich dann Denkmalqualität, und was bedeutet das für den Denkmalbegriff? Wenn man überhaupt noch ein Individuierungsmoment ausmachen will, dann ist es aus den realen Gebäuden ausgezogen und liegt im jeweiligen Typenentwurf. Zu ihm verhalten sich die realen Bauten nur noch wie der Stempelabdruck zum Stempel. Will man sie schützen, kann man sie nur als Gruppe unter Schutz stellten, und damit kommt es zu einer minderen Denkmalkategorie, der des Ensembles.

Woran aber hängt diese abgeflachte Denkmalqualität? Offenbar daran, dass die Serie über einen Rest Handschriftlichkeit verfügt (man kann einigermaßen zuverlässig zwischen May, Scharoun oder Bruno Taut unterscheiden). Oder dass die sparsame Gliederung durch Sockel und Gesims noch an den klassischen Kanon bindet. Motivierender dürfte aber die Faszination des Seriellen und der geschlossenen Gruppe sein: eine rationale Planungsfigur aus typisierten Elementen. Auch das ist aber nur der Endpunkt einer langen Vorgeschichte, die von Pienza über Freudenstadt, Richelieu usw. bis ins frühe 19. Jahrhundert reicht. Diese Kunststädte waren allerdings noch bildfähig. Die Siedlungspläne, ob Symbolismus des Britzer Hufeisens oder die mit maschineller Energie geladene Reihung von Karlsruhe-Dammerstock, sind nur mehr Verteilungsmuster. Förderlich ist also auch die Leichtigkeit, mit der man den Stempelabdruck erkennt. Und schließlich läuft eine politische Nostalgie mit, die sich vor dem Ideal sozialistischer Vergesellschaftung verbeugt – nicht die Einzelnen zählen, sondern die Gemeinschaft.[24]

24 Dieter Hoffmann-Axthelm: Hochhaus und Gemeinschaft. Zur Erbschaft der Moderne, Berlin 2018, S. 85ff.

Insofern sprengen diese Bestände den klassischen Denkmalbegriff noch nicht, sie treiben ihn nur an die Abbruchkante. Den tatsächlichen Bruch mit dem historischen Kanon vollzog überhaupt erst der Bauwirtschaftsfunktionalismus der 1960er Jahren. Die Spätlinge des Neuen Bauens – z. B. Utzons Sydney Opera Haus oder Scharouns Berliner Philharmonie – sagen uns heute: Wir sind die Letzten. Bauwirtschaftsfunktionalismus ist Entmachtung der Architektur. Die Architekten verloren die Zuständigkeit für Baustruktur und Ausstattung an die Preis-Leistungs-Kalkulation anonymer Bauträger, an Halbzeugindustrie, Betonbau und Präfabrikation, an staatliche Förderbedingungen und Versicherungen, an Tragwerk- und Installationsplanung. Architektur wurde zu einem verzweifelten Gegenarbeiten gegen diese Übermacht. Auf der einen Seite typisierte Massen, serieller Wohnungsbau, Bauten für Industrie, Handel, Logistik, Verkehr, Gesundheit, auf der anderen die wenigen Nischen erkennbarer Individualität. Es ist vom Glück des Einzelfalls und individueller Kompetenz abhängig, was im Einzelfall, er sei öffentlich, Wirtschaft oder privat, noch an ästhetischer Prägnanz, typologischem Neuland oder Qualitäten sozialer Räumlichkeit gelingt.

Ob dieser oder jener Bau einmal aufgrund seiner spezifischen Qualität als Denkmal erkannt und geschützt werden wird, steht dahin. Für die Masse muss man das bezweifeln. Die Kontroversen um den Abriss von Bauten der 1960er und 1970er Jahre in allen großen Städten zeigen, dass die Denkmalposition nicht bloß deshalb einbricht, weil der Investorendruck zu groß, der politische Wille, ihn aufzuhalten, zu klein war, sondern weil der Denkmalbehörde die überzeugenden Argumente fehlten. Weder war eine besondere ästhetische Qualität nachzuweisen noch die zwingende Verbindung mit einer prägenden gesellschaftlichen Geschichtserfahrung. Vielmehr war nur darauf zu verweisen, dass auch diese Gebäude Ausdruck einer Epoche seien. Das reicht nicht, um ihren Denkmalwert gesellschaftlich durchzusetzen.

Das ist nicht grundsätzlich anders, wenn es sich um DDR-Moderne handelt. Nur verbindet sich hier im Fall eines Abrisses der Untergang des Objekts mit dem politischen Bruch des Untergangs des politischen Unternehmens DDR. Nur so versteht man, dass beispielsweise in Berlin die Karl-Marx-Allee unter Denkmalschutz steht, der Paraderaum der DDR-Regierung zwischen Alexanderplatz und Strausberger Platz: Der Schutz gilt einem historischer Raum, der seine Funktion verloren hat und heute ein leerer Verkehrsraum ist, woran auch Restaurierung erhaltener Pavillons oder historisierende Ergänzung nichts ändern. Irgendein besonderes historisches Ereignis ist mit dem Straßenraum nicht zu verbinden, und dass das bauliche Ensemble erster Großtafelzeilen und Pavillons eine mit Rotterdam zu vergleichende städtebauliche Qualität aufwiese, wird man kaum behaupten können, der Denkmalschutz bedient vielmehr politische Nostalgie.

Entscheidungen dieser Art sind nicht nur politisch-öffentlich kontrovers, sondern in der Regel auch unter Denkmalverantwortlichen, und sie ereignen sich auch nicht überall. Das Zentrum liegt in Berlin und im Bundesland Brandenburg, und hier beschäftigen sie die Öffentlichkeit bis in die Spalten des täglichen Feuilletons. Die Positionen stehen sich als verfeindete Lager gegenüber, die sich einen Dauerkrieg leisten, bis dahin, dass in Berlin jede der beiden Seiten eine eigene Denkmalstiftung errichtete, eine, welche in militanter Weise und in deutlich politisch-ideologischer Bekenntnishaftigkeit den Denkmalwert der sozialistischen Moderne propagiert, eine andere, die eher traditionell wertet, ohne dabei die Erste Moderne auszuschließen. In erstere Position gehen allerdings nicht nur die Enttäuschungen ehemaliger DDR-Bürger ein, sondern auch die politischen Frustrationen der Westberliner bzw. westdeutschen

Linken, die im Kulturbereich die alten Kämpfe noch einmal kämpft. Die Baudenkmalpflege ist da zu einem Kampfplatz um die Bewertungshoheit geworden.

Wie tief dieser Konflikt in die Bewertungssystematik eingreift, hat in den letzten Jahren kaum ein Denkmalfall deutlicher gezeigt als der lange Streit zwischen dem Berliner Denkmalamt und dem Erzbistum Berlin um die Restaurierung der Hedwigskathedrale.[25] Zur Debatte stand eine Abwägung: Was ist höher zu bewerten, die Wiederherstellung des Knobelsdorff'schen Pantheons oder der modernistische Eingriff, der den nach 1950 wiederaufgebauten Raum durch Aufbrechen des Bodens zugunsten einer Unterkirche radikal umgedeutet hatte? Die liturgische Autonomie der Kirche beeindruckte das Berliner Denkmalamt so wenig, wie es sich auf eine Diskussion der ästhetischen Qualität des Eingriffes einließ – der war willkürlich, unsicher und in sich selbst nicht stimmig.[26] Indem von vornherein feststand, dass der Eingriff von 1956 zu erhalten sei, ging es dem Amt, angesichts der Verkürzung der Sachlage zur »heute prägenden Denkmalschicht der Fünfziger Jahre«, ausschließlich um die Modernität des Eingriffs: Es fiel nicht einmal auf, dass jene Schicht teilbar war zwischen Ober- und Unterkirche. Natürlich verschwindet etwas, aber gleichzeitig entsteht, Ergebnis eines Architektenwettbewerbs, eine Neufassung, die bereits die dritte Neuformulierung eines Innenraums sein wird, der in der Außenansicht wieder der ist, der er im Jahre 1780 war.

Vergisst man alles, was in diesem und ähnlichen Fällen hinzutretende Ideologisierung ist, bleibt das Scheitern an der Eigenart der Moderne, nicht verändert werden zu dürfen, ohne

25 Dieter Hoffmann-Axthelm: Vor der Heilung. Zum Umbau der St. Hedwigs-Kathedrale, in: Ders.: Zwischen Schloss und Tempelhofer Feld. Beiträge zur Berliner Baupolitik 1989–2019, Berlin 2019, S. 11–49.
26 Ebd., S. 38–40.

hinfällig zu werden. Der Sonderfall war im Fall Hedwigskathedrale nur, dass die Moderne hinzukam, während die ältere Substanz sich als stärker erwies. Ein Präzedenzfall etwa für den Umgang mit der Frankfurter Paulskirche ergibt sich daraus nicht. Für das reine Modernedenkmal ergibt sich daraus allenfalls eine Warnung: Eine Baukultur, die sich so formuliert, dass sie nur unter Verweigerung aller weiteren Entwicklung erhalten werden kann, verurteilt sich gleichsam selbst, sobald sie das Gegenwärtigbleiben verhindert.

Exkurs: Denkmaldämmerung

Wohl kaum jemand hat die Vergänglichkeit auch des geschützten Baudenkmals so schonungslos ausgesprochen wie gerade Georg Dehio. Wie Pflanze, Tier und Mensch, sieht er auch das Baudenkmal langfristig auf dem unumkehrbaren Wege zu seinem Untergang. Pflege kann den Verfall nur begleiten. Ihn aufzuhalten, indem man labile Teile fortlaufend ersetzt, schon dies impliziert den fortlaufenden Verzicht auf Originalsubstanz, ohne den endlichen Zerfall, und sei er Jahrhunderte oder gar Jahrtausende hinauszuschieben, aufhalten zu können. Gleichwohl ließ ihn dies nicht am eigenen Tun zweifeln. Dieses Moment von Skepsis und verhaltener Trauer in sich lebendig zu halten, stünde der Denkmalpflege wohl an.

Physikalische Entropie kann natürlich kein Maßstab der Praxis sein, wohl deshalb aber der Selbstreflexion der Denkmalpflege: Wie zuversichtlich darf man hinsichtlich der Quantitäten sein, wie unnachsichtig in der Einzelentscheidung? Und wenn Zeit immer Veränderung und Vergehen bedeutet, bleibt auch die Frage, die sich ebenfalls erstmals Dehio stellte: Wieviel zeitlicher Abstand ist nötig, um in beiderlei Hinsicht richtig zu entscheiden.

Für Dehio lag die Grenze der Denkmalfähigkeit deutlich um 1840, dem Tod Schinkels. Das waren immerhin sechzig Jahre Reflexionszeit. Heute geht es um erheblich kürzere Zeiten, und die Unterschutzstellungen rücken immer näher an die Gegenwart heran. Einige Großbauten sind, teils im Bewusstsein ihrer Autoren, teils dem der Denkmalpflege, schon zum Entstehungszeitpunkt auf anstehenden Denkmalschutz hin angelegt. Wenn eine bloß mit den Jahrzehnten fortlaufende Unterschutzstellung nicht zum bloßen Denkmal der Denkmalpflege werden soll, muss man sich der Frage stellen, unter welchen gesellschaftlichen Bedingungen überhaupt Denkmale möglich sein können. Ist diese Gesellschaft überhaupt noch denkmalfähig, d.h. fähig, Denkmale zu produzieren?

Wenn schon die von Dehio vorausgesetzte Karenzfrist eine nicht mitgesagte Skepsis hinsichtlich der bauwirtschaftlichen, strukturell bereits modernen Produktion der eigenen Zeit implizierte, so ist heute mehr als bloß Skepsis angebracht. Es geht nicht um die potenzielle Endlichkeit der Entropie, sondern um eine faktische, eine immanent historische Endlichkeit des Denkmals. Ob es heute überhaupt noch zur Produktion denkmalfähiger Bauten kommt und weiterhin kommen kann, betrifft nicht beliebig ferne Zeiten, sondern den heutigen Zustand des Bauens. Auch wenn die Denkmalpflege sich die Frage nach einem Ende der Denkmalfähigkeit nicht zu stellen traut, steht sie ungesagt im Raum. Dass unsere Gesellschaft in ihrer fortlaufenden Diversifikation noch zu jener Wertkonzentration fähig ist, die das Wort Denkmal einbegreift, das ist es, was unwahrscheinlich geworden ist. Es sieht durchaus so aus, als sei die Zeit der Denkmale vorbei – heißt: dass wir die, die es gibt, über längere Zeiten hinweg erhalten können, neue aber nicht mehr hinzutreten werden.

Naturwüchsiges Nachwachsen darf man ausschließen. Das heutige Bauen ist in einem Maße industrialisiert und wirtschaftlich gesteuert, dass es sinnlos ist, von ihm noch jene Absichten auf Dauerhaftigkeit, herrschaftliche Repräsentation und Schönheit zu erwarten, welche die klassischen Baudenkmale hervortrieben. Die, die für das Zustandekommen in erster Linie zuständig waren, die Architekten, kämpfen nur noch darum, dem Produkt von Bauindustrie, Kurzfristigkeit der Investitionen, Zeit- und Finanzierungszwängen, typologischen Standards, technischen Ausstattungen usw. eine gewisse Kenntlichkeit ihres individuellen Zugriffs mitzuteilen, ein Versuch, der noch auf der ihnen zugänglichsten Ebene, den Fassaden, mehrheitlich misslingt.

Natürlich gibt es – kein ein Abbruch der Begabungen – weiter fähige Architekten. Der entscheidende Punkt ist: Die Gesellschaft hat sie im Stich gelassen. Sie tat es insofern, als sie es aufgegeben hat, eine tragendende Konvention auszubilden, wie alle vorangegangenen historischen Epochen dies getan hatten. Ein Architekt des 18., ja noch des 19. Jahrhunderts mochte ganz mittelmäßig sein, und doch kam es zu Bauten, die ein bestimmtes Niveau nicht unterschritten – die Konvention baute sich gleichsam selbst. Heute schaut die Gesellschaft einer komplexen Interaktion von wirtschaftlichen, baurechtlichen, planungstechnischen Prämissen einerseits und architektonischem Gestaltungsanspruch andererseits zu. Es gibt Moden, an denen man sich als Entwerfer orientieren kann, aber keinen Konsens. Entstanden ist ein Markt für konkurrierende Einzellösungen. Eine jede muss sich hinsichtlich architektonischer Qualität bzw. ästhetischer Überlebensberechtigung gleichsam selbst erzeugen und auf dem Markt durchsetzen. Man sieht zwar, dass sie von heute ist, aber lediglich individuelle Performanz.

Gesellschaftlich gesehen, ist also zumindest der ästhetische Anteil zufällig. Im Unterschied zu den anderen Leistungsanteilen, z. B. erreichter Klimaneutralität, plausibler Grundrisse, gelungener Bändigung der Haustechnik, Einhalten des Kostenrahmens usw. Anders gesagt, nur der ästhetische Anteil ist ein Kann-Anteil. Als integrierende Instanz ist er abgeschrieben. Es wirkte eher komisch, wollte heute ein Architekt seine Tätigkeit noch als Baukunst bezeichnen, sich als Baukünstler verstehen und seinen Bauten als Kunstwerke. Mit dem Kunstzutrauen fällt aber ein entscheidender Baustein der Denkmalzuversicht. Oder würde etwa eine Denkmalbegründung überzeugen können, die sich auf die oben genannten nichtästhetischen Anteile der Gebäudeherstellung beschränken müsste? Es ist jedenfalls nicht zu sehen, wie es auf diesem Wege zu Bauten kommen soll, die diese für unbestimmte Zeit als Exponenten signifikativer kultureller Selbstvergewisserung qualifizieren würden.

Diese historische Endlichkeit muss weder ausgesprochen noch anerkannt werden, um den politisch-kulturellen Umgang mit dem vorhandenen Denkmalbestand zu beeinflussen. Gerade die oben beobachteten Verschiebungen in den Auswahlkriterien und die mitlaufende quantitative Vermehrung der Objekte dürften, gerade weil sie nicht erst seit heute im Gang sind, bereits eine Antwort darauf sein. Das deutlichste Signal ist diejenige kulturpolitische Vergröberung des Denkmalbegriffs, die in weltweitem Maßstab unter dem Label UNESCO-Welterbe propagiert wird. Die UNESCO betreibt zwar eine Dogmatik, die der der Denkmalpflege ähnlich ist, aber es ist ein Schutz auf Makroebene, und man kann angesichts des Umfangs ihrer Schutzgegenstände recht unsicher sein, ob man sie als eine Blase nationalstaatlicher Denkmalpflege oder besser als Übernahme durch politisch-wirtschaftliche Interessen beschreiben soll. Es trifft ja wohl beides gleichermaßen zu. Der touristisch-entwicklungspolitische Zweck wird von beiden Seiten, UNESCO-Behörde wie antragstellenden Ländern, denkbar offen ausgesprochen. Auf UNESCO-Seite bildet, bei weltweiten Ansprüchen, die Verteilungsgerechtigkeit die oberste Kategorie, auf Länderseite das nationale Prestige (oder welchen anderen Sinn hätte es, wenn das deutsche Bundesland Bayern jetzt ausgerechnet für Neuschwanstein, das geschützt genug ist, den Status beantragen will?).

Der seitens der UNESCO selbstauferlegte Zwang zu weltweit gerechter Verteilung realisiert sicherlich ein Stück fälliger historischer Gerechtigkeit, indem außereuropäische Kulturschätze und Kultursituationen auf eine Ebene mit den europäischen Hervorbringungen gehoben werden. Gleichzeitig führt diese Dekolonisierung des kulturhistorischen Blicks im europäischen Kontext zu einer Entwertung der eigenen Maßstäbe – es sind ja immer große Brocken, die da gehandhabt werden – und zu einer sachfremden Politisierung.

Damit vollzieht sich eine interessante Verschiebung – von der Angebots- auf die Nachfrageseite. Nicht mehr Künstler, Architekten, Kunstwissenschaftler und Denkmalschützer sind der Ausgangspunkt dafür, was gesellschaftlich als Denkmal gewünscht und wahrgenommen wird, sondern die Konsumenten. Was die UNESCO auf einer doch noch recht anspruchsvollen Ebene realisiert, läuft ja gleichzeitig schon auf unterster Ebene. Fragt man sich, für wen in dieser unserer Gesellschaft ein Baudenkmal noch genau das ist, als das es Denkmalschützer oder Kunstwissenschaftler sehen, dann ist die Situation offensichtlich tief gespalten. Es gibt ein einsatzfreudiges Unterstützungspotential für das klassische Baudenkmal, und keineswegs nur alte Oberschicht. Es gibt aber gleichzeitig so viel mehr Gleichgültigkeit und Unkenntnis, dass man sich fragen muss, ob der Konsumentenstandpunkt tatsächlich eine ausreichende Stütze des bisherigen Denkmalsystems darstellt oder nicht eher ein Symptom seines Untergangs ist.

Durchaus demokratieimmanent, scheint eine Mehrheit sich ja überhaupt dem Zugriff hochkultureller Überschreibung zu entziehen und ihre eigenen partialen Werte dagegenzusetzen. Man geht, unbekümmert um die Rechtfertigungsgründe der offiziellen Denkmalpflege, seine eigenen Wege in Auswahl dessen, was einem wichtig ist: Neben die öffentliche Denkmalpflege tritt die freihändige Statuierung privater oder gruppenspezifischer Ausnahmeobjekte und Ausnahmesituationen. Als Methode betrachtet, geht es um eine Markierungspraxis besonderer Lokalitäten – Gebäude, städtische und landschaftlicher Orte –, die als kultisch qualifiziert werden.

Die Tatsachen liegen gleichsam auf der Straße – es ist auch hier so wie im eigenen Leben, dass Verhaltensänderungen dem Begreifen der Veränderung beliebig weit vorangehen können.

Den Rahmen der Verkultung von Objekten und Situationen bildet eine durchaus emanzipative, über Jahrzehnte gewachsene Erinnerungskultur. Diese ist zwar nicht unpolitisch, vor allem aber individuell, insofern zutiefst privat. Der gesellschaftliche Auftraggeber des Besonderen stellt sich gleichsam neben seinen staatlichen Vertretungen durch Kultur- und Denkmalpolitik auf. Mit seinen individualisierten Erinnerungsstrategien bewegt er sich in einer eigenen Kategorie – ob Ereignisse, Orte, Objekte, Gebäude, in jedem Fall geht es um eine Reaktionsform, die sich von den Rücksichten der Denkmalpflege emanzipiert hat.

Die Anlässe können denkbar verschieden sein. Natürlich gehören auch die großen medienwirksamen Streitfälle wie der Wiederaufbau der Dresdener Neustadt oder die Rekonstruktion des Frankfurter Altstadtkerns hinzu. Aber die Breite des Phänomens macht man sich besser klar, wenn man ganz von unten anfängt. Beispielsweise geht es um Orte, die man in Film oder Fernsehserie erlebt hat. Sie werden dann aufgesucht wie die klassischen Denkmale, und allein dies trägt schon zu ausreichender Erhaltung bei, weil man Gebäude, Ort oder was es sonst gerade ist, ja gerade wiedererkennen möchte. Wie gut gebaut oder wie schön das jeweilige Ziel ist, wie historisch relevant, wie städtebaulich oder landschaftlich prägend, spielt dabei gar keine Rolle. Das gesellschaftliche Interesse bestimmter Schichten exekutiert in diesem Falle einfach seine eigenen Regeln.

Anspruchsvoller ist die Kultur lokaler Gedenkorte. Den Ausgangspunkt bilden vermutlich die von Gunter Demnig gesetzten Stolpersteine. Der anhaltende Erfolg offenbart, dass viele Deutsche der offiziellen Reden, Kränze und Gedenkmale überdrüssig sind. Die individuelle Aneignung des Gedenkens erfolgt vor dem eigenen Haus, oft genug aufgrund der Recherche von Bewohnern. Bewohner putzen sie, damit sie auffällig bleiben, und einige stellen am 9. November Grablichter auf oder legen Blumen hin.

Das hat inzwischen eine ganze Kultur angestoßen: Wo immer in größeren Städten ein Ereignis – ein besonderer Verkehrsunfall, ein unbegreiflicher Mord – die Bewohner verstört, entstehen spontane Gedenkorte. Sie werden mit den Mitteln ausgezeichnet, die man aus der Kirche kennt: Blumen, Kerzen, Kreuze, sind also gewissermaßen Altardekorationen, und ihre Pflege wird erstaunlich lange durchgehalten. Erst recht dann, wenn der Anlass – ein terroristisches Attentat von Rechtsextremen oder Islamisten – den lokalen Rahmen übersteigt, wartet man nicht darauf, dass der Staat aktiv wird, sondern reagiert mit den gleichen Mitteln. Der Unterschied der kollektiven Relevanz zeigt sich nur in der Dauer: Die Aussonderung des Ortes bleibt in diesem Fall auch dann erhalten, wenn Blumen und Lichter wegbleiben, weil der Ort in den Verweishaushalt der lokalen wie nationalen politischen Diskussion übergegangen ist. Selbst Orte der offiziellen Gedenkkultur, die mit wiederkehrenden Kranzniederlegungen rechnen können, sind in ihrer Mehrzahl zunächst, allerdings bereits in und seit den 1980er Jahren, von Einzelnen und Initiativen initiiert worden, und die Führungen zu Fluchttunneln und Orten längs der Berliner Mauer werden bis heute unabhängig und mit anhaltendem Erfolg durchgeführt.

Aus dieser Perspektive fällt nun auch ein anderes Licht auf die spektakulären Fälle, in denen sich stadtpolitische Interessen, mediale Öffentlichkeit, Positionskämpfe der Fachleute und Beteiligung der Bewohner jeweils zu einem kritischen Knäuel formieren. Beispielsweise der Wiederaufbau von Teilen des Braunschweiger Stadtschlosses. Es ging nicht um ein Problem der Denkmalpflege. Die Rekonstruktion war ein autonomes gesellschaftliches Projekt, das über Mehrheitsentscheidungen entgegen Experteneinsprüchen zu einem anerkannten Ergebnis führte. Dass dies mehrheitlich privatwirtschaftlich zustande kam, entspricht der typischen Disproportion zwischen der Projektgröße und den kommunalen Finanzen; das Einkaufszentrum diskreditiert also nicht die Braunschweiger Bürger, die das Schloss wiederhaben wollten.

Insofern geht hier, wie bei all den anderen großformatigen Rekonstruktionen, ob Dresden, Potsdam und Berlin oder Hildesheim und Hannover-Herrenhausen, auch der Vorwurf fehl, es würden bloß Elitenwünsche realisiert. Die massenhafte Akzeptanz zeigt, dass dem ein mehrheitlicher Bewusstseinswandel zugrunde liegt. Es tobt kein Hass auf die Moderne, aber es gibt ein Maß an Enttäuschung an ihr, das ausreicht, um verlorene identitätsstiftende Monumente der Geschichte wiederhaben zu wollen.[27]

Das gilt aber, über Einzelobjekte hinaus, längst auch für die städtebauliche Ebene. Die Zerstörungen durch Krieg und modernem Wiederaufbau sind fast überall in den deutschen Städten bis heute unübersehbar. Damals mag es ein Aufatmen gegeben haben: Alles Alte war weg, die entsprechende Denkmalpflege eingespart. Aber schon dreißig Jahre später begann die Reue. Die Auflösung der Stadtkerne seitens der Planungsmoderne war zwar zu verlustreich, als dass man sie wirklich rückgängig machen könnte. Aber man kann immerhin einige zentrale Wunden wieder schließen. Eine weitreichende Heilungserfahrung ergibt sich schon, wenn in Ulm oder Köln die großen Straßendurchbrüche, die der Automobilismus der Nachkriegszeit in der Altstadt aufriss, wieder geschlossen werden. Einen Schritt weiter geht die Rückkehr zum historischen Stadtgrundriss, noch einen Schritt weiter die Rekonstruktion von Leitbauten in Dresden, Potsdam, Frankfurt am Main. Die Dresdener Traditionsmilitanz mag man als Experte ablehnen oder akzeptieren – jedenfalls sollte man sehen, dass man, ob man ablehnt oder akzeptiert, sich auch hier zu einem Gesell-

27 Water Ackers: Klimawandel in Braunschweig und Region? Hoffentlich, in: cima direkt, 2, 2007, S. 18–21.

schaftsprojekt verhält, ungeachtet eines gewissen Mangels an kultureller Souveränität.

Dieser Sachstand wird gegenwärtig aber schon wieder von einer weiteren Aktualität überholt, der ökologischen Krise mit den beiden Gesichtern Klimawandel und bedrohter Biodiversität. Dass die Klimafolgen geschützte Bausubstanz bedrohen, greift in die Programmatik der Denkmalpflege noch nicht ein, wohl aber Gesetze zur Energieeinsparung oder für den Umstieg auf erneuerbare Energien. Der Berliner Konflikt um die Dämmung der Onkel-Tom-Siedlung in Zehlendorf[28] zeigt, dass selbst so harmlos Scheinendes wie die Wärmedämmung in Substanzfragen eingreift. Wie der Landschaftsschutz die Windräder dulden lernen muss, so der Denkmalschutz die Installation von Solarpaneelen auf geschützten Bauten. Oder Stadtgrün an Stellen, wo er sie gern versagen würde.

Zu einer dritten Antwort gegenüber der Endlichkeit der Denkmäler würde die Klimaaktualität allerdings erst auf einer eher spekulativen Ebene. Will man Klimaziele einhalten, dann ist nächst Industrie, Landwirtschaft, Verkehr, Digitalwirtschaft usw. auch das Bauen eine Stellschraube. So tritt eine Forderung, die schon in den 1980er Jahren erhoben wurde, wieder auf: Kein Abriss mehr, sondern Umbau. Ein Abrissverbot ist natürlich unter gegenwärtigen Verhältnissen gar nicht durchsetzbar. Die Folgerung für die Denkmaltheorie jedoch liegt auf der Hand: Gäbe es ein gesetzliches Abrissverbot, würde die Schutzaufgabe großenteils unnötig: Die Baudenkmale wären unter ihresgleichen. Sie in der Sonderkategorie Denkmal zu halten, wäre nur noch für die Pflege nötig: damit die Denkmale, die wir haben, trotz Um- und Ausbau als Denkmale erkennbar blieben.

28 Das Denkmalamt verweigert die technisch innovative, optisch unschädliche Außendämmung und will stattdessen innen dämmen, was die ohnehin kleinen Wohnungen noch kleiner machte.

3 Zwei Therapievorschläge

Verzicht auf kommissarisches Handeln

Was zu tun wäre, lässt sich in zwei Forderungen zusammenfassen: Die Denkmalpflege wäre auf eine andere Modalität der Interaktion mit ihren Adressaten zu verpflichten, und sie sollte ihren Kriterienkatalog überprüfen und auf der Objektseite Ballast abwerfen.

Die staatliche Unterschutzstellung ist im Rahmen kontinentaler politischer Kultur nur sinnvoll und gar nicht zu vermeiden. Dafür gibt es die Denkmalgesetze und die oberen Behörden, soweit sie die Aufsicht über die Einhaltung und die Inventarisierung betreiben. Das ist natürlich nach wie vor eine *black box*, solange dem nicht eine Revision der Auswahlkriterien und deren zureichende Diskussion mit der Öffentlichkeit an die Seite gestellt wird. Jetzt ist aber erst einmal wichtig, dass am Gesetz nichts geändert werden muss. Selbst wenn man, was wenig sinnvoll wäre, die Fassung der Kriterien aus der Hand der Fachleute in die Hände von Denkmalbesitzern oder Kommunalpolitikern oder Vereinen legen wollte, müsste es ja immer noch den Staat geben als den, der die jeweilige Unterschutzstellung durchsetzt und garantiert.

Damit ist eine methodische Trennung von Schutz und Pflege gegeben. So man hat erst einmal den Spielraum, um sich der Pflege zuzuwenden. Es ist an diesem Punkt angebracht, alle spannenden Methodenfragen des Erhaltens, die sich auf der Ebene von Kirchen, Schlössern usw. stellen, beiseitezulassen und sich auf das Parterre der Denkmalpflege zu konzentrieren. Hier ist ein Paradigmenwechsel fällig – nicht die Abschaffung des staatlich alimentierten Denkmalpflegers, wohl aber die des Denkmalkommissars.

Parterre bedeutet: große Entscheidungsmengen anhand unspektakulärer Gebäude, mithin Routine. Noch auf dieser wenig aufregenden Ebene behält ja die denkmalamtliche Entscheidung ihre genuine Doppelgesichtigkeit, einerseits mit der Aussagefähigkeit von Gebäuden befasst zu sein, wozu sie in einem ganz anderen Maße aufmerksam zu sein hat – empfindungsfähig und historisch bewusst – als etwa der kommunale Ordnungsdienst, andererseits zu entscheiden nicht als Architekt oder Künstler, sondern als Verwaltungsbeamter. Und dies eben nicht nur anhand von Objekten, zu denen der kommissarische Handlungsstil schlecht passt, sondern in der Mehrzahl der Fälle gegenüber einzelnen Personen, mit allen Folgen, welche der Bescheid für diese zeitigt. Mit diesem Konflikt reflektiert umzugehen, sind viele der Denkmalbeamten offenbar schlecht vorbereitet.

Die älteren Denkmalpfleger waren Kunsthistoriker, die nicht nur eine intensive Vertrautheit mit der älteren Baugeschichte besaßen, sondern vor allem auch eine entsprechende Schulung der Augen. Der heutige Denkmalpfleger ist eine Hybride aus Denkmalfachmann und Beamter. Der Fachmann hat seine Ansichten, der Beamte handelt per Verwaltungsakt. In der ersteren Qualifikation ist er damit befasst, wie ein Denkmal bei gegebenem Anlass gegen Schädigungen zu verteidigen ist. Dass stets ungeklärt ist, wie der Anlass einzuschätzen ist und womit ihm am besten gedient wäre, impliziert das oben beschriebene Maß an Willkürlichkeit der jeweiligen fachlichen Orientierung ebenso wie ganz persönlicher Vorlieben und Aversionen. Die Entscheidung andererseits, die er trifft, ist Gesetz. Da die Baugenehmigung an seine Zustimmung gebunden ist, bleibt den anderen Beteiligten – Eigentümer, Architekt oder Handwerker –, nichts anderes übrig, als sich zu fügen. Im Einzelfall mögen sie sogar die für das Denkmal vorteilhafteren Argumente haben, ohne jedoch diese annähernd gleichberechtigt zur Geltung bringen zu können.

Diese Konstellation wäre aufzubrechen. Der Verwaltungsakt, klassisches Instrument des historischen Absolutismus, ist kein der Sache Denkmalpflege wirklich angemessenes Instrument. Er sollte wegfallen und durch eine Art Richtlinienkompetenz ersetzt werden. Der Denkmalpfleger wäre deshalb nicht schon machtlos, wohl aber gezwungen zu diskutieren und zu überzeugen. Wann immer Bauherr und Architekt Eingriffe planen, die an die Substanz der Denkmalfähigkeit gehen, greift bereits das bloße Schutzstatut. Noch da kann es natürlich Diskussionsspielraum geben, und in diesem Fall wäre die obere Behörde einzuschalten.

Dass damit ein Gefährdungsmoment gegeben ist, will ich gar nicht leugnen. Es kann im Einzelfall auch schiefgehen: An die Stelle möglicher Willkür des Beamten treten die näherliegende Willkür des auf Rendite, Kosteneinsparung, überzogene Nutzungsvorstellungen insistierenden Eigentümers oder der Eigensinn eines Architekten. Entscheidend sollte eine allgemeine Abwägung sein: Was ist angesichts der manifesten Krise des Denkmalbewusstseins heute wichtiger, der mögliche Verlust im Einzelfall oder eine kategoriale Veränderung des kommunikativen Verhältnisses, und damit der Zugewinn an Akzeptanz der Sache?

Neben Verlusten könnte es ja auch Gewinne geben. Ein Mitspracherecht insbesondere für die ausführenden Architekten und Handwerker würde viel Schematismus und Formalismus vermeiden helfen und das Ergebnis lebendiger machen, gleich ob es ums Bewahren signifikanter Veränderungen gehen soll oder um Rückbau (wobei ja nicht einmal ausgemacht ist, welche Seite wofür plädiert bzw. aus welchen sachgemäßen oder auch sachfremden Gründen sie das tut). Im einen Grenzfall, Kenntlichmachen historischer Schichten und für die Biographie des Gebäudes wichtiger historischer Veränderungen, könnte das verhindern, dass noch jeder belanglose Schnörkel unbedingt rekonstruiert werden muss, im anderen, Rückgang auf den Ursprungszustand, dass der Bruch zu hart ausfällt. Es könnte jeweils sogar einen ästhetischen Gewinn geben über das hinaus, was die bloße Ursprungssubstanz enthielt. Da wäre gerade den Handwerkern mehr Spielraum einzuräumen, um in Ausführung und Wahl bestgeeigneter Techniken sich selbst kenntlich zu sehen.

Wichtiger wäre natürlich der politische Gewinn. In der vielschichtigen Gemengelage aus Politikverweigerung, Staatsmisstrauen, Demokratieverachtung, Xenophobie, Antisemitismus usw. ist der Anteil an Ärger, Wut und Verbitterung, welchen die Denkmalpflege mit ihren Rigiditäten erzeugt, sicherlich nur ein Ärger unter vielen. Wer sich täglich unter Handwerkern, Architekten und Hausbesitzern bewegt, wird sich aber hüten, diesen zu unterschätzen. Es wäre zugleich der Anteil, der sich noch am leichtesten vermeiden ließe.

Nur darf dabei nicht die eine Form der Willkür durch eine andere ersetzt werden. Wenn das Denkmalamt nicht machtlos werden soll, muss es einen verlässlichen Anker geben. Das Gegenmodell zum Verwaltungsvertrag ist der Vertrag. Über Europarecht dringen ohnehin seit längerem angelsächsische Vertragsformen in das deutsche Verwaltungsrecht ein. Wie formell oder informell dieser Vertrag in der Denkmalpflege ausfallen muss, würde die Praxis zeigen und wäre sicher von Bundesland zu Bundesland verschieden. Vertrag heißt, dass man sich einigen muss. Dieser Einigungszwang ist der sichernde Anker. Man darf davon ausgehen, dass beide Seiten nicht grundsätzlich an längeren Auseinandersetzungen interessiert sind – die Bauherren wollen bauen, die Beamten haben ausreichend andere Fälle zu bearbeiten. Bevor nicht eine Einigung zustande kommt, gibt es aber auch keine denkmalrechtliche Genehmigung, also auch keine Bauerlaubnis.

Damit sollte für beide Seiten ein ausreichendes Maß an Bereitschaft zu Kompromissen bzw. einer sinnvollen Lösung gegeben sein, um den Zweck des Verfahrens zu erfüllen: die

Denkmalbesitzer einerseits nach wie vor an ihre Pflichten zu binden, sie andererseits vor einer zu großen Abhängigkeit von der jeweiligen fachlichen Dogmatik eines Bauamts oder einzelner seiner Beamten zu schützen – allein schon des Umstands wegen, dass ein Wechsel der Bearbeiter, sowohl auf oberer wie unterer Ebene, zu unterschiedlichen Maßgaben führen kann. Nichts ja ist für die Akzeptanz verhängnisvoller als die Erfahrung, dass ein gesetzliches geregeltes Verfahren einen nicht vorhersehbaren Anteil an Willkürlichkeit freisetzen kann.

Vor allem reduziert sich das Problem nicht auf subjektive Schwächen, nicht auf den Umstand, dass Denkmalbeamte trotz fachlicher Ausbildung nicht zu normen sind. Bereits die Ausbildung müsste anders sein. Auf die Rahmenprobleme ist man nicht vorbereitet, und schon das Fachliche gerät inzwischen zu eng: Statt Wahrnehmungsschulung dominieren Archivarbeit und Dendrochronologie. Sie ersetzen für den einzelnen Beamten, anders als bei den Bauforschern, das Hinsehen. Dass unkritische Dendro-Gläubigigkeit – die physikalische Steinbestimmung ist glücklicherweise ausreichend ungenau – mitunter zu Datierungen führen kann, die mit dem stilkritischen oder typologischen Befund nicht übereinstimmen können, ist dabei noch das geringere Problem. Viel bedenklicher ist, dass damit Baugestalt, Raumcharakter und stilistisches Detail aus dem Blick geraten, also die Eigenschaften, über die sich am deutlichsten eine spezifische regionale Herkunft – z. B. Niederrhein oder Westfalen – und der zugehörige Zeithorizont aussprechen. Daraus folgt ein weitgehender Rückzug auf ein bloßes Beschreiben dessen, was man vorfindet, zuungunsten von Herleitung, Bewertung, Deutung.[29]

29 Belegen ließe sich dies nach meinem Eindruck zum Beispiel innerhalb der letzten Dehio-Edition durch einen Vergleich der neueren Bände mit denen der 1960er bis 1980er Jahre. Wenn aber überhaupt gedeutet wird,

Diese Verwissenschaftlichung der Denkmalpflege hat noch eine weitere Folge, die wachsende Entfernung zwischen Bescheidformalismus und realem Denkmal, weil sich einseitige Verwissenschaftlichung mit einer Anpassung an den baurechtlichen Formalismus des allgemeinen Baugenehmigungsverfahrens verbindet. Verglichen mit dem Vorgehen noch vor etwa fünfzig Jahren haben sich daraufhin die formalen Anforderungen an Antragstellung, Verfahrensnachweisen und Dokumentation stark erhöht. Das reale Bauwerk, um das es geht, unterliegt dabei immer öfter einem Verfahren, das ihm seiner handwerklichen Herkunft nach fremd ist: Im genehmigten Architektenentwurf ist dann zwar jedes Detail geklärt, aber die Handwerker haben am Objekt weiter mit den vormodernen Ungenauigkeiten zu tun, müssen mit den typischen Unebenheiten und den bautechnischen Überraschungen zurechtkommen, die sich erst im Bauprozess zeigen und nur ad hoc, aus der praktischen Erfahrung der jeweiligen Gewerke, bewältigt werden können.

Dabei hat man das Eignungsproblem realistischerweise unter einem Gesichtspunkt zu sehen, der gar nicht so alt ist, vielmehr sich erst aus den Entwicklungsschüben der letzten fünfzig Jahre ergeben hat, in erster Linie der gelisteten Denkmalmengen und der damit nötig gewordenen Personalmenge. Allein schon diese treibt in die Richtung routinemäßiger Entscheidungen, und noch anspruchsvollste Eingangsvoraussetzungen könnten nicht mehr garantieren, als das durchschnittliche Angebot an Kompetenz und Vermittlungsfähigkeit hergibt, welches die Ausbildungsinstitutionen nun einmal entlassen.

dann vereinseitigt als bloßes ikonographisches Lesen unter Einsparung der Wahrnehmungsqualitäten.

Umfangsbegrenzung

Verschlankung ist schon in der allgemeinen Verwaltung überfällig. Gezielter noch wäre, was kriselnde Wirtschaftsunternehmen zum Zweck ihrer Konsolidierung unternehmen: Konzentration aufs Kerngeschäft. Dort ist das der schmerzhafte Prozess, sich vom nicht unbedingt Nötigen zu trennen, um den profitablen Kern zu stärken. Die Denkmalpflege muss nicht profitabel sein. Ihr Zwangspunkt ist, dass sie nicht die Akzeptanz verlieren darf – weder das Mitmachen der Eigentümer noch die gesellschaftliche Unterstützung und eine ausreichende Deckung durch die Politik.

Aber was wäre das Kerngeschäft? Hinsichtlich der Schwierigkeiten der Ein- und Abgrenzung mache ich mir keine Illusionen. Es ist ja die Schwierigkeit des Denkmalbegriffs selbst. Es kann nicht um die Schließung eines Kanons gehen, sondern nur um ein tentatives Unternehmen. Kriterium ist dabei die einfachstmögliche Frage: Muss die Denkmalpflege tatsächlich für all das verantwortlich sein, für das sie sich derzeit engagiert?

Das kann man nur von Fall zu Fall abfragen, ohne auf Endgültiges zu stoßen – im Grunde kann sich an jedem Einzelobjekt die Sache noch einmal umdrehen. Es geht ums Abgeben, aber eine Trennlinie kann sich nicht prinzipiell, sondern nur aus der Summe der Abgaben ergeben, ohne dass man das, was man abgibt, damit desavouiert. Die qualitativ und gewissermaßen demokratieimmanent erweiterte Aufmerksamkeit der Erinnerungskultur in all ihren Schattierungen lässt sich ja weder rückgängig machen, noch kann man auf einen Zustand vor der großen Ausweitung zurückgehen, weil das Relativierende der Ausweitung natürlich längst auf den klassischen Bestand zurückschlägt. Um eine Revision auch der Kernkriterien kommt man also nicht herum.

Wie in der Wirtschaft ist aber die erste Frage, an wen man überhaupt etwas abgeben kann, ohne unverantwortlich zu handeln. In jedem Fall wird eine ausreichende zivile Trägerschaft gebraucht, Interessenten, mit denen eine Teilung der Verantwortlichkeiten ausgehandelt werden kann. Dafür kommen zivile Initiativen und Organisationen in Frage – etwa die Deutsche Stiftung Denkmalschutz und andere Stiftungen, aber auch Architektenkammern und -vereine –, sowie selbstverständlich engagierte Einzelne, nicht zuletzt die Gutwilligen unter den Denkmalbesitzern.

Man wäre damit natürlich gezwungen, doch ein Kerngebiet zu umschreiben. Aber kann man sich überhaupt eine verlässliche Trennlinie vorstellen? Eine so praktische Grenze, wie sie die frühe Denkmalbewegung mit der Unterscheidung zwischen öffentlichen und privaten Gebäuden besaß, fehlt heute. Statt prinzipiengeleiteter Kategorisierung ist das Unterscheiden auf gruppen- und fallspezifische Abwägung verwiesen, um herauszufinden, was unaufgebbar, was verhandelbar und was ohne größere Schmerzen entbehrlich ist. Auch wird es oft genug auf Pragmatismus hinauslaufen – was kann überhaupt bewältigt werden, was überfordert das System, und welche Chancen der Abgabe an andere Träger bieten sich von Fall zu Fall.

Ich fange beim Einfachsten an. Es gibt Fälle, wo eine Abgabe sich schon deshalb empfiehlt, weil die Zuständigkeit des Denkmalamts gerade nicht zur Erhaltung, sondern zu weiterem Verfall führt. Das ist etwa in der Grabmalpflege der Fall. Die von der Denkmalpflege betriebene Restaurierung herrenloser historischer Grabmale betrifft nur eine beschränkte Anzahl kunsthistorisch bedeutsamer Objekte. Die dafür zur Verfügung stehenden Mittel sind zudem arg begrenzt. Die große Menge älterer Grabmäler wartet darauf, dass sie von Privaten übernommen werden. Das ging nach meiner Erfahrung auch eine ganze Weile gut. Inzwischen stellen die Ämter aber so hohe Restaurierungsforderungen an die Erwerbswilligen, dass die meisten lieber die Finger davon lassen, und so geht der Verfall weiter. Ein anderer Fall: Ich kenne einen Orgelenthusiasten, der durch brandenburgische Dörfer zog, um altersschwache Orgeln wieder bespielbar zu machen – bis sich ihm die Denkmalpflege in den Weg stellte und ihm den Zugang verbot. Wo aber Geld, Initiative und Kompetenz herkommen sollen, in den unter jahrzehntelanger Vernachlässigung und Abwanderung der Bewohner leidenden Dörfern die alten Orgeln zu erhalten, diese Frage können die Ämter nicht beantworten.

Damit bleibt man natürlich noch ganz am Rand. Größere Schnitte sind nun aber kaum dadurch zu bekommen, dass man Objektklassen unterscheidet. Allenfalls könnte man sich fragen, ob Baudenkmalpflege nicht von vornherein lediglich Pflege von normalen Gebäuden sein sollte. Für die Erhaltung beispielsweise von Maschinen, Kanalschleusen, Windmühlen, Wasserrädern und dergleichen wäre sie dann nicht mehr verantwortlich und könnte die Aufgabe lokalen Initiativen und Vereinen überlassen. Das wäre überhaupt nicht problematisch – es gibt sie ja in ausreichender Anzahl und Schlagkraft, beginnend schon bei den zahlreichen Oldtimer-Vereinen und privaten Sammlern, und gesammelt und erhalten werden durchaus nicht nur alte Autos, sondern inzwischen auch Agrarmaschinen und andere aus dem Produktionsprozess herausfallende Objekte. Ein starker Akteur sind die Eisenbahnervereine. Sie heben nicht nur Signale und Bahnhofsschilder auf, sondern pflegen alte Lokomotiven, ganze Züge und Gleisanlagen, sodass die Züge auch fahren können, restaurieren Lokschuppen und andere Betriebsgebäude.

Mit der bloßen Trennlinie zwischen Hochbauten und Sonstigem ist es also nicht einmal getan, das Übergabefeld kann erweitert werden. Nimmt man die Trägerfrage ernst, könnte bei vielen Bauten eruiert werden, ob es nicht schon einen Interessenten gibt, den man zum Tätigwerden nur provozieren muss. Mit diesem experimentellen Vorgehen beträte man allerdings einen Boden, den die Denkmalpflege von sich aus auf keinen Fall wird betreten wollen. Der Schutz wäre dann nur der offizielle Hinweis, dass bestimmte Sonderbauten oder Baukomplexe nicht sich selbst überlassen werden sollten. Der Akteur, der ganz zuerst provoziert werden müsste, sind dabei die Kommunen. Bei Brücken, Wassertürmen, kleinen Feuerwehrgebäuden usw. sollte es ja durchaus im kommunalen Interesse sein, gelungene Exemplare als Landmarken und Identitätsstifter zu erhalten. Architekten und Ingenieure wüssten im Einzelfall ohnehin besser, was zu tun wäre.

Provoziert werden müssten die kommunalen Träger allerdings nicht weil, sondern obwohl sie auf der unteren Ebene Beteiligte der Denkmalpflege sind. Die Kommunalpolitik hält sich bei politisch brenzligen Denkmalkonflikten lieber bedeckt und vertraut darauf, dass das Denkmalamt sich die Finger verbrennt. Es lohnte sich also, ihr die Ausrede, die Denkmalpflege sei ja zuständig, zu nehmen. Die Denkmalpfleger sollten eigentlich schon von sich aus ein Interesse haben, sich kommunalpolitischem Missbrauch zu entziehen, und dies auch dann, wenn es bloß der durch die Bauämter ist, die erfahrungsgemäß mit dem Hinweis auf die Denkmalpflege eigene Interessen betreiben.

Damit ist das Abgrenzen nach Objekttypen aber schon ausgereizt – weiter sollte innerhalb der Klasse Hochbauten nicht diskriminiert werden. Möglich und sinnvoll wäre das allenfalls im Einzelfall. Die Frage, an wen man abgeben kann, wird damit von einer nur vorläufigen zu einer Entscheidungsfrage. Unter diesem Gesichtspunkt ist es auch kein bloßer Pragmatismus mehr, sondern pure Notwendigkeit, sich nach dem größtmöglichen Brocken auszugrenzender oder zumindest etwas weiter aus dem Blickfeld der Zuständigkeit herauszurückenden Fälle umzusehen. Quantitätsreduktion ist schon in jeder normalen Verwaltung das beste Heilmittel, hier also erst recht. Dabei könnte man das Vorhaben natürlich auch von einer anderen

Seite her angehen, um beim gleichen Ziel anzukommen: statt auszugrenzen, Anspruchsreduktion.

Der größte Brocken müsste dann nicht nur das quantitativ größte Betätigungsfeld der Denkmalpflege sein, sondern zugleich den für schlechte Routine und relative Willkür anfälligsten Objektbereich betreffen. Der Adressat der Abgabe wäre die sonstige öffentliche Bauverwaltung. Damit greift man ja keineswegs ins Leere. Vielmehr existieren, ausgehend vom Bundesbauministerium, durchaus entsprechende Formate. Zum einen gibt es auf Bundes- wie auf Länderebene ein Ressort Baukultur, im Wesentlichen geht es aber um die durch entsprechende Programme gestützte Städtebauförderung, die in den letzten fünfzig Jahren über rein bauwirtschaftliche Sanierungsprogramme hinausgewachsen ist. Einen Entwicklungssprung erzwang hier die Wiedervereinigung von 1990. Um dem Ausmaß des Verfalls beizukommen, erwies sich das zuständige Förderprogramm, der Städtebauliche Denkmalschutz, als bestgeeigneter Hebel. Signifikant zwischen Wirtschaftsförderung und Denkmalschutz changierend, handelt es sich um ein um die Einbeziehung historischer Erscheinungsweise angereichertes Sanierungskonzept, das auf Abriss verzichtet, insofern ein Kind der denkmalpflegerischen Wende von 1975.

Dass das unter strikt denkmalpflegerischem Blickpunkt keine ideale Lösung ist, liegt auf der Hand. Das auf einer Mischung von öffentlichem Geld und Privatanteil beruhende Verfahren geht weitgehend zu Lasten der tatsächlichen historischen Substanz wie der Binnenräumlichkeit der Gebäude. Ein Mittelweg zwischen Denkmalorthodoxie und Sanierungsanforderungen bzw. privaten Bedürfnissen ist dabei weder prinzipiell zu formulieren noch überhaupt verlustfrei vorzustellen, im Einzelfall ergibt sich selten die denkmalseitig beste Lösung. Was dafür spricht, ist zum einen die quantitative Entlastung der Denkmalpflege, zum andern die Chance einer qualitativen Verbesserung des gestörten Verhältnisses zwischen Denkmalbehörden und Eigentümern. Wo die recht aufwändigen staatlichen Programme nicht greifen bzw. aus Kostengründen fortlaufend reduziert oder eingestellt werden, wäre eine Reduktion der mengenmäßig dominierenden routinemäßigen Eingriffe zur Not ja auch durch ernstgemeinte kommunale Gestaltungssatzungen oder selbst durch eine zunächst rein sozial gemeinte Milieuschutzverordnung zu erreichen.

Denkmalsystematisch läuft das auf eine Rücknahme der städtebaulichen Zuständigkeit hinaus. Diese Zuständigkeit hängt an einer Erweiterung des Denkmalbegriffs, dem Flächendenkmal. Die fachliche Legitimität der Kategorie steht auf schwachen Füßen. Sinnvoll ist sie als Verzahnung von Denkmalpflege und Städtebauförderung. Sie ist praktisch, weil Ansatzpunkt einer Finanzierung. Es braucht dabei nicht unbedingt die auf Einzeldenkmale ausgerichtete Fachkompetenz von Denkmalschützern, um zu erkennen, wo die Kategorie zutrifft, mithin Förderwürdigkeit gegeben ist.

Nimmt man den Schleier Flächendenkmal weg, kann man die Sache, um die es geht, genauer und zugleich auf der nötigen Abstraktionsebene formulieren, handelt es sich dann doch um den adäquaten Umgang mit historischen Stadtstrukturen. Also ein explizit kommunalpolitisches Thema, das ins Rathaus gehört und nicht ins Denkmalamt. Denn sobald es nicht um luftige Vorstadtgebiete geht, sondern um den Altstadtkern mit seinen historischen Engpässen, hängt jeglicher Schutz an Einsicht oder Blindheit jeweiliger lokaler Verkehrspolitik mit ihren klassischen Streitthemen: Schließung vs. maximale automobile Erreichbarkeit, Fußgängerrechte vs. Verkehrsflüssigkeit, Aufenthaltsqualität vs. Parkplätze usw.

So formuliert, wird der kategoriale Sprung deutlich: Man hat es nicht mit Gebäuden, sondern mit den sie tragenden Planungsstrukturen zu tun. So strikt zu unterscheiden ist denkmalsystematisch unüblich, aber im Interesse der Sache. Denn historische Stadtgrundrisse sind ein Wert auch unabhängig von der Gebäudesubstanz, die sie tragen. Belässt man die Erklärung der Schutzwürdigkeit bei der Denkmalpflege, dann müsste sie zumindest vor der Vermischung von Schutz und Pflege gewarnt werden; ihr Betrag zur Pflege des Stadtgrundrisses sollte sich auf diejenigen Gebäude beschränken, die für den Stadtgrundriss relevant sind.

Fachgeschichtlich gesehen, ist das Thema Stadtgrundriss ohnehin nicht von Denkmalpflegern, sondern von Architekten und Stadtplanern formuliert worden. Anlass waren die Stadtgründungen des Barock. Da lagen allerdings Plan und Gebäudeentwurf in der Hand desselben Architekten. Aber selbst wenn man diesen historischen Sonderfall im Auge hat, bleibt die Unterscheidung von Plan und baulichem Besatz zwingend. Der Stadtgrundriss beispielsweise der Erlanger Hugenottenstadt erklärt sich zwar am besten durch das Erhaltensein der Häuser der Erbauungszeit. Aber auch in den vielen Stadtkernen, wo alle historischen Gebäude aufgrund von Citybildung oder Kriegszerstörung modern sind[30], bleibt der Stadtgrundriss als Strukturmoment einer Innenstadt das entscheidende Merkmal ihrer historischen Genese. Nirgendwo ist das so zentral gegeben wie beim berühmten Stadtgrundriss von Mannheim: In der ziemlich vollständig im letzten Krieg zerstörten Altstadt hängt die Baugeschichte nicht an letzten erhaltenen Gebäuden, sondern allein am Schachbrettmuster der Quadrate und ihrer

30 In der älteren Berliner Friedrichstadt, vor der Erweiterung von 1732, gibt es nach meiner Kenntnis nur ein einziges original erhaltenes Gebäude, das heute nicht einmal für den Laien als solches erkennbar ist (Friedrichstraße 82), im Übrigen zwei oder drei Erdgeschosse, die inzwischen fünfgeschossig überbaut sind, in der gesamten Stadterweiterung Friedrich Wilhelms I. nur noch eine Handvoll, allesamt zu modernen Mietshäusern umgebaut.

alphabetischen Nummerierung. Der Vorrang des Grundrisses ergibt sich erst recht für alle durch vorhandene oder ehemalige Stadtmauern ausgezeichneten mittelalterlichen Stadtkerne. Sie besitzen ja kaum Bausubstanz, die je gleichzeitig entstand, und in der Mehrzahl der Fälle sind – Folge von Bränden, Kriegen und Modernisierungszwängen –mittelalterliche Gebäude überhaupt die Ausnahme. Umgekehrt dürften die Stadterweiterungen des späten 19. Jahrhunderts für eine Zuständigkeit der Denkmalpflege schon zu offen sein. Oder wollte man wirklich die Stadtplanungen damaliger Heroen wie Reinhart Baumeister, Stübben, Henrici usw. als Flächendenkmal unter Schutz stellen? Ein gewisses historisches Bewusstsein der allgemeinen Stadtplanung sollte ausreichend sein, um sie nicht mutwillig zu entstellen. Aber *grosso modo* sollte überhaupt gelten, Stadtplaner und Architekten nicht aus ihrer fachlichen Verantwortung auch für historische Strukturen zu entlassen, statt die Denkmalpflege zu bemühen.

Ein besonders intrigantes Feld ist schließlich die allgemeine städtebauliche Kompetenz der Denkmalpflege. Es gibt, was die Beurteilungsmaßstäbe angeht, kaum eine andere Tätigkeit, die so sehr von Urteilswillkür bedroht ist. Denn ob ein Neubau in eine Denkmalumgebung passt, ist in erster Linie ein Urteil über einen noch nicht gebauten Entwurf, und dann ein Urteil über Architektur. Ob Kompetenz für letzteres gegeben ist – schon unter Architekten könnte ja gestritten werden –, ist so wenig gewiss wie ob die Verhältnisabwägung als solche ausreichend durch denkmalfachliche Kompetenz gesichert ist. Verhindern lässt sich der Neubau in den meisten Fällen ohnehin nicht, und ob geforderte Änderungen der Architektur guttun oder auch der Denkmalumgebung, ist ebenfalls nicht gesagt. Oder wie will man sich in religionspolitischen Fällen verhalten, also dann, wenn es nicht um eine moderne Kirche, sondern um eine Moschee mit Kuppel und Minarett geht? Da ertrinkt die denkmalpflegerische Beurteilung von vornherein in der lokalpolitischen Erregung, sodass der Rückgang auf § 34 BauG – Einpassung der Kubatur in die Umgebung – noch das Beste wäre.

Mit all diesen Erwägungen ist ein Rücknahmepotential umrissen, welches die Frage, was als Kernbereich zu betrachten wäre, noch keineswegs beantwortet. Dass die klassischen Denkmale hierhergehören, versteht sich von selbst – Gebäude, die sich dank ihrer ästhetischen Qualität, ihrer historischen Bedeutsamkeit oder ihrer städtebaulichen Prägnanz unter fachlichem Blickwinkel gleichsam schon von sich aus verteidigen. Damit können sie für die Bestimmung eines heutigen Kernbereichs aber gerade nicht mehr hilfreich sein. Wenn sich bei Fehlen eines geschlossenen Kanons, was Denkmal sein soll, nur in jedem Einzelfall entscheiden lässt, fällt alles Gewicht auf die Urteilskriterien. Es sind natürlich die, die man kennt. Aber sind es deshalb noch die klassischen Kriterien? Wann immer man nach den bekannten Kriterien greift, wird man im konkreten Fall feststellen, dass sie sich intrinsisch verändert haben, also anders angewendet werden müssen. Kunst, Geschichte, Wissenschaft, diese globalen Verweissysteme der Denkmalfähigkeit haben in den letzten hundert Jahren gerade das spezifisch Hoheitliche der historischen Bewertungspraxis hinter sich gelassen, das Unterscheiden nach Hoch und Niedrig. Stattdessen stehen sie in der Kritik der Gegenwart. Trotzdem, bzw. obwohl sie damit den heutigen gesellschaftlichen Bewusstseinsstand repräsentieren, müssen sie so anspruchsvoll bleiben, dass sie die Denkmalmenge begrenzen können.

Um am unscheinbarsten Fall Maß zu nehmen: Gebäuden, die eigentlich ganz unauffällig sind. Dann entdeckt man in ihnen etwas, eine bestimmte konstruktive, typologische, sozial- oder religionsgeschichtliche Bedeutung. Wie gewichtet man sie? Ist sie entscheidend? In diesem Falle ist mit einem Mittelweg nichts getan, da sie nur unter vollem Einsatz vorm Abriss zu retten sind. Was sie bedeutsam macht, ist nicht offensichtlich, Bewohner bezeichnen sie gern als Schandfleck, und der Kommunalpolitik fehlt die kulturelle Bildung, um sich solchermaßen versteckte Werte vorstellen zu können. Es ist dann Sache denkmalpflegerischer Kompetenz, mit dem Hinweis auf Seltenheit oder Einzigartigkeit zu überzeugen.

Das Raritätsargument sticht sicher nicht überall, aber wenn, dann nicht obwohl, sondern weil dem ein ökonomisches Kalkül zugrunde liegt: Je seltener etwas ist, desto mehr steigt sein Wert, und ein Objekt, das bei massenhaftem Vorkommen quasi als wertlos gälte, kann als das vorletzte oder letzte seiner Gattung die Ausnahme machen. Das Kalkül hat eine doppelte Funktion: Einerseits erlaubt es Begrenzung, andererseits realisiert es den historisch gewandelten Bewertungsmaßstab; die Bewertung ist einerseits anspruchsvoll genug, andererseits ausreichend nichtdiskriminierend.

Wichtig ist natürlich die persönliche Überzeugtheit des betreffenden Beamten. Eine überzeugend kommunizierbare Entscheidung wird daraus aber nur, wenn sie in der Sache stichhaltig, also fachlich begründbar ist – die Begründung muss stimmen. Halbheiten kann sich die fachliche Begründung nicht leisten, da sie von Gegnern nicht übersehen würden. Das betrifft gerade die in den Begründungsakt eingehenden subjektiven Momente, ob Karriererücksichten, politische Parteinahmen, einseitige fachliche Präferenzen oder persönliche Geschmacksrichtungen. Alles das ist menschlich, üblich, verständlich, aber nicht förderlich. Dergleichen möglichst zu vermeiden, ist schon deshalb nötig, weil eine ideal gedacht reine Sachentscheidung auf eine fachliche Gegenansicht treffen und heiß umkämpft sein kann. Unabhängig davon, auf welche Kriterien man abhebt, in welcher Gewichtung man sie in Anschlag bringt, auf welche fachlichen Routinen man sich bezieht, der Abwägungsprozess bleibt ja im Grundsatz offen. Wenn man ihn im Einzelfall auf einen Punkt zuspitzen muss, um ausreichend zu überzeugen, dann liegt das

Kriterium der Denkmalwürdigkeit in der besonderen Dringlichkeit, gerade diesen Bau zu erhalten.

Das Moment Dringlichkeit scheint auf den ersten Blick wenig überzeugend, vielmehr seinerseits subjektiv anfällig und offen bis zur Willkür. Wenn man aber beide darin enthaltenen Momente überhaupt akzeptieren kann, zum einen die vorgenommene Kontraktion des Denkmalwürdigen, zum andern das Maß an Entscheidungsoffenheit (nicht aber Dezisionismus), dann kann man es guten Gewissens rechtfertigen: als die funktionale Entsprechung des Umstands, dass in demokratischen Verhältnissen nicht mehr nach der sozialen Höhenlage unterschieden werden sollte, ja nicht einmal mehr zu wenig kritisch nach der kulturgeschichtlichen Würde eines Bauwerks.

Es würde nichts klarer machen, wenn man statt Dringlichkeit Sachnotwendigkeit sagte. Vielmehr wäre damit nur zu einseitig auf die Erfüllung des Kriterienkatalogs abgehoben. Es fehlte also etwas. Denn im Ausdruck Dringlichkeit steckt der Umstand, der sich erst heute in aller Schärfe herausstellt: dass der Blick auf ein mögliches Denkmal heute, anders als noch vor hundert Jahren, entscheidend unter dem Gesichtspunkt der Endlichkeit des Denkmals steht – also der doppelten Frage, was wir unbedingt nicht verlieren wollen, und was wir andererseits der Gesellschaft, so wie sie nun einmal ist, überhaupt noch verständlich machen können, sodass sie bereit ist, dafür auch die Kosten zu tragen, ob an Geld, Aufmerksamkeit oder Arbeit.

Dass man auch gelistete Denkmäler wieder verliert, weil Verfall oder politischer Druck oder wirtschaftliche Zwänge stärker sind als der Erhaltungswunsch, ist alltägliche Erfahrung der Denkmalpflege. Was würde anders, wenn man schon auf der Seite des fachlichen Urteils auf einen wirklichen Kernbereich verzichtete? An die Stelle einer Scheidung nach Objektklassen träte das Schicksal jeweils einzelner Gebäude. Was in diesem Sinne Kernbereich sein soll, stellte sich empirisch heraus, etwa so, wie sich im englischen Recht über die Urteile einzelner Richter anhand einzelner Fälle herausstellte, was Recht ist. Es stellte sich in einer unreinen Mischung von Einsichten und Interessen heraus, nicht zuletzt im harten Konflikt. Und man sollte sich nichts vormachen: Auch der gefestigste Kanon käme nicht gegen ein Überwiegen gesellschaftlicher Gleichgültigkeit an.

4 Der affektive Kern

Das Kriterium »Dringlichkeit« ist natürlich zu unbestimmt. Damit kann man sich nicht zufriedengeben, es beunruhigt eher. Was versteckt sich darin? Die affektive Ladung ist ja offensichtlich. Die einfachste Auflösung wäre: dass man subjektiv den Verlust nicht aushält. Das kennt jeder Denkmalliebhaber. Nur geht diese Antwort um keinen Zentimeter über die Maßgabe Dringlichkeit hinaus. Und zwar nicht, weil sie zu subjektiv wäre, sondern weil sich der subjektive Standpunkt – was bindet einen an ein Baudenkmal – damit noch zu wenig aufdeckt. Er sollte sich so erklären, dass perspektivisch eine ganze Gesellschaft angesprochen ist, vielleicht nicht überzeugt, aber angeregt zuzuhören.

Der Schlüssel für eine über das bloße Dringlichkeitsmoment hinausgehenden Auslösung könnte ja gerade die strikt persönliche Denkmalerfahrung sein. Es muss nicht jedes beliebige Baudenkmal sein, das einen ausreichend provoziert. Es reicht, von einem Bau zu sprechen, der einen ganz unmittelbar anrührt. Es ist manchmal, wenn man, um eine Häuserecke tretend, plötzlich davorsteht, wie ein Schock. Was erzeugt ihn? Es ist, denke ich, die Unmittelbarkeit, mit der man dem Phänomen Vergangenheit begegnet. Man fällt aus der eigenen Zeit in die Tiefe dessen, was einmal war. Es ist das heute nicht mehr Mögliche.

Das kann man sich dann auch gut erklären – da ist man bei seinem Kriterienkatalog und kann alles benennen, was dieses Bauwerk so besonders, eben denkmalfähig macht. Ich muss mich da nicht wiederholen. Nur kommt jetzt die subjektiv gewonnene Erfahrung hinzu, dass jedes Kriterium von diesem Moment der Unmittelbarkeit überholt wird und seine subjektive Bestätigung erhält. Diese Unmittelbarkeit kann man natürlich auch über Musik, Kunst, Dichtung erfahren, auch über historische Orte, über Gedenkstätten und Gräber, über all die Schädelstätten der Geschichte. Das Baudenkmal ist dank seiner ausgedehnten Materialität vielleicht nur das direkteste Medium. Die Konfrontation ist unmittelbar körperlich, von Körper zu Körper, und es bezeichnet nichts, sondern ist genau das, was es ist.

Jetzt ist, ohne dass man dafür das Moment Subjektivität zum Verschwinden bringen müsste, nur noch ein kleiner Schritt nötig, um das Moment Unmittelbarkeit so weit aufzulösen, dass man bei der fälligen Grundsatzfrage ankommt: Was macht letztlich ein Bauwerk zu einem Denkmal, was ist der letzte Grund, es der Gesellschaft als Zukunftswert anzutragen?

Die Ausweisung eines Gebäudes als Denkmal braucht selbstverständlich den nüchternen Formalismus genau derjenigen Kriterien, die es laut gesetzlichem Auftrag und fachlicher Überzeugung zu erfüllen hat. Aber das betrifft die Sache als Verwaltungsaufgabe. Denkmalfragen würden nicht annähernd so viel gesellschaftliche Leidenschaft und so viele Kontroversen entzünden, wenn sie als reine Verwaltungssache zu behandeln wären. Das Denkmal ist nicht umsonst die Ausnahme unter den Verwaltungsgegenständen. Es ist dies, weil das Verhältnis zum Denkmal letztlich ein affektives Verhältnis ist.

Das ist schon der Fall, wenn man von aller Ästhetik abstrahiert und nur den Erinnerungs- und Erkenntnisgewinn im Auge hat. Die Gesamtheit der Baudenkmale ist nur deshalb mehr als ein Lexikon historischer Stile oder ein Nachschlagewerk historischer Ereignisse, Lebensverhältnisse, Entwicklungsschritte, weil relevante Teile der Gesellschaft sich dafür interessieren, und sie interessieren sich dafür, weil es ihre Geschichte ist und ihnen den Reichtum wie die Brüchigkeit ihrer Herkunft und ihrer gegenwärtigen Identität verstehen hilft.

Der ästhetische Zugang steht nun nicht einfach daneben oder kommt bloß hinzu. Auch wenn man ausdrücklich auf die ästhetische Qualität eines Bauwerks abhebt – egal ob man sagt: gute Architektur, oder einfach nur: Schönheit –, ist dieses Bauwerk nicht bloß Kunst. Von der Ausnahmestellung des Kunstwerks ist es vielmehr dadurch unterschieden, dass es auf Nutzung angelegt ist, also deren jeweilige Anforderungen zu erfüllen hat. Es ist immer auch primäre menschliche Unterkunft, egal ob als Grab, Tempel, Wohnung, Büro- oder Kaufhaus, Fabrik usw. Wirklich zwecklose Bauwerke gibt es nicht, oder nur am Rande – z. B. das Kasseler Riesenschloss mit dem Herkules –, und dann liegt es schon nahe, von Dekoration zu sprechen, ob Landschafts- oder Stadtausstattung, wie die Chinoiserien im englischen Garten oder die Turmbauten auf dem Berliner Gendarmenmarkt. Immer ist das Baudenkmal ein gemischtes, von komplexesten wirtschaftlichen, politischen, kulturellen, religiösen, intellektuellen Interessen durchschossenes Objekt. Der ästhetische Zugang ist nur einer unter anderen. Aber er ist der unmittelbarste. Deshalb macht er den Kern der Bindung einer Gesellschaft an ihre Denkmale aus.

Die Kategorien der Unterschutzstellung sind deshalb nicht wirklich gleichrangig, und Bindung kann nicht mit den Bedingungen gleichgesetzt werden, von deren Erfüllung die Unterschutzstellung abhängig ist. Für die meisten Menschen ist etwa die wissenschaftliche Relevanz weit weg, sie treibt nur Bauforscher und Kunsthistoriker. Näher liegt ihnen das Geschichtsdenkmal. Wenn das aber heißt, dass damit die »ganze« Geschichte, also auch die Mehrzahl der Umbauten und Entstellungen zu konservieren sei, ist das zwar je nach Gunst der Umstände noch fachlich durchzusetzen, aber für die Bindungsfrage eher kontraproduktiv. Die intensivste Bindung erzeugt das, was man unmittelbar sehen kann, die ästhetische Wirkung – wie unverzichtbar ein Gebäude für eine städtebauliche Situation ist, oder einfach wie schön es ist.

Die Ausweisung als Denkmal bleibt demgegenüber ein formaler Akt, der mit einem Befehl handelt. Der Widerspruch zwischen dem Formalismus der Anerkennung und der Affektgrundlage macht die innere Spannung des Denkmalbegriffs aus. Der staatliche Akt muss gleichsetzen, also auch das ästhetische Argument seinem Formalismus unterwerfen. Das naive Argument, ein Gebäude sei hässlich oder zu unscheinbar, darf den historischen oder wissenschaftlichen Wert nicht aushebeln.

Trotzdem ist natürlich, zumal bei fortschreitender Verwissenschaftlichung der Denkmaltheorie und -praxis, die historische oder bau- und kunstgeschichtliche Relevanz viel leichter und verwaltungspraktisch überzeugender zu formulieren als die genuin künstlerische. Faktisch ergibt dies das Übergewicht der ästhetisch unverdächtigen Begründungen, und in der Scheindemokratie der Denkmalwerte wird der Kunstwert, allein schon der Archaik des Begriffs wegen, zum Paria. Das, was ihn, solange man ihn auf historische Gebäude bezieht, allererst begründet, unterlag damit in den letzten fünfzig Jahren gleichsam einer Schweigepflicht: Über Schönheit wurde nicht mehr geredet.

Als ich den Begriff 2000 wieder in die Diskussion brachte, brach in der Denkmalszene ein Sturm der Entrüstung aus.[31] Das wurde, gegenüber der Abwehr der Entstaatlichungsforderung und davon deutlich genug unterschieden, als der für das eigene Sachverständnis gefährlichere Einwurf wahrgenommen, ein Angriff auf das System, vor allem aber auf Denkmalpflege der Moderne. Die Folge war bezeichnenderweise, dass der Schönheitsbegriff gerade von den Verfechtern der Moderne umgehend

31 Vereinigung der Landesdenkmalpfleger in der Bundesrepublik Deutschland, Entstaatlichung der Denkmalpflege? Von der Provokation zur Diskussion. Dokumentation, hg. v. Matthias Donath, Berlin 2000. Dort auch mein Text: Kann die Denkmalpflege entstaatlicht werden?, S. 9–31. Siehe auch: Johannes Habich: Entstaatlichen oder aus-sparen? Gedanken zur politische Neubewertung der Denkmalpflege, in: DenkMal! Zeitschrift für Denkmalpflege in Schleswig Holstein, Jg. 8, 2001, S. 5–12.

aufgegriffen wurde. Man hatte verstanden, dass hier ein Hebel diskursiver Durchsetzung liegt.

Kunstwert oder ästhetische Qualität sind nicht dasselbe wie Schönheit. Da ist schon zu viel fachliche Distanz im Spiel, erst recht ist mehr als Interessantheit oder Wichtigkeit angesprochen. Das heißt keineswegs, dass man das Motiv Schönheit an die Spitze der Zulassungsbedingungen setzen dürfte. Für den administrativen Gebrauch ist es tatsächlich ungeeignet und nähme, wollte man es dort einführen, nur unnötig Schaden. Es kann immer nur Hintergrund sein – der affektive Kern des ästhetischen Urteils.

Dass aber allein der Hinweis auf das Motiv schon Empörung auslösen konnte, zeigt allerdings, wie weit sich die heutige Denkmalpflege von ihren Wurzeln entfernt hat. Dabei schlägt sich eine Denkmalpflege, die vergisst, dass sie nach Akzeptanz und Überzeugungskraft ganz wesentlich von diesem Hintergrundmotiv abhängig ist, ja selbst die Füße weg. Vordergründig hatte die Empörung natürlich ihre vitale Grundlage in der Vermutung, damit werde bereits die eigene administrative Zuständigkeit ausgehebelt. Das konnte nicht die Absicht sein. Es war nur zu zeigen, dass das Kategoriensystem angesichts der zu weit auseinanderdriftenden Fälle, die es zu bewältigen hat, aus den Fugen ist: dass es in Gefahr ist, den Kompass zu verlieren.

Aller Formalismus des Bewertungssystems kommt ja nicht an dem Umstand vorbei, dass das zu Bewertende nicht gleichrangig ist, sondern allein schon zeitliche Nähe oder Entfernung in die Entropie der Denkmalfähigkeit verwickeln. Man müsste von der unerbittlichen Dynamik des historischen Prozesses vollständig abstrahieren, um sie – wie im Diktum Rankes von der Gleichheit aller Ereignisse vor Gott – der historischen Drift entziehen und als gleichwertig behandeln zu können. Man wird die überlegene Intensität vormoderner Denkmale ja nicht schon dadurch los, dass man sich lieber der historischen Relevanz anvertraut. Auf diesem Feld gibt es zumindest in ästhetischer Hinsicht keine Gerechtigkeit. Könnte man sich die Summe erklärter Denkmale als eine Gesellschaft vorstellen, dann wäre es keine von demokratisch Gleichen. Das Denkmalgeschäft würde sinnlos, wenn alle Denkmale gleichrangig wären, weil damit schon die Bewertungsgrundlage, über die etwas als Denkmal erklärt wird und anderes nicht, torpediert wäre.

Das Gewichten hört aber bei der bloßen Denkmalqualität, die gemischt ist, nicht auf. So selbstverständlich das historische Unterscheiden ist, obwohl es wesentlich mehr Gleichrangigkeit erlaubt, so wenig ist, solange wir affektiv urteilen, das ästhetische Urteil auszugrenzen. Auch da ist das Modernedenkmal das deutlichste Signal, indem es eben nur gerade noch an die Kette der älteren Denkmale anzuknüpfen ist. Die Architekturgeschichte hat ihre eigene Entropie, ein unerbittliches Fortschreiten zu immer stärkerer Entfernung vom Mythos, immer weiter greifender Formalisierung, Entstofflichung, Entkörperung. Es ist eben das, was überhaupt die Endlichkeit der Denkmalproduktion erzwingt und der Illusion, dass es immer neue Denkmale geben wird, keinen Raum lässt.

Die scheinbar rein methodische Frage, ab wann ein Bauwerk glaubwürdig, konsensuell, als Denkmal anerkannt werden kann, ist daher sehr viel grundsätzlicher: Es dürfte sich damit, allerdings auf einer sehr viel weiter gefassten Ebene, der Schock der Pioniere um 1800 wiederholen. Damals begriff man plötzlich, dass man ein Erbe gänzlich zu verlieren drohte, dem die eigene Zeit nichts wirklich Gleichrangiges hinzufügen würde. Man konnte es bestenfalls in die eigenen Verhältnisse übersetzen, ohne die gleiche Würde des Bedeutens und Ordnens zu erreichen. Für sie war das Denkmal das Zeugnis einer anderen Welt, die man verloren hatte, deren Produkte, losgelöst von den historischen Grausamkeiten ihrer Entstehungsbedingungen, man aber unbedingt bewahren wollte.

Der Schnitt heute ist schärfer. Einerseits traut man sich nicht mehr, vom Denkmal in der Erhabenheitsform anderer Welt zu reden – dazu denken wir zu sehr in historischer Kontinuität. Andererseits scheint jetzt aber ein Punkt erreicht, wo zwar der einzelne Architekt frei ist, noch und wieder auf das Arsenal historischer Formen zurückzugreifen, wobei aber diesem Motivtransfer zu offensichtlich die Aussagemacht mangelt, welche die genutzten Motive einmal besaßen. Sie gehen in das Qualitätsurteil ein, aber dass sie Denkmalfähigkeit begründen könnten, ist zu bezweifeln. Dass Geschichte immer weitergeht, also ihrerseits auch weiter bestimmte Orte zu Merkzeichen der gesellschaftlichen Selbsterinnerung bereitstellt, ist demgegenüber kein Widerspruch. Diese ereignisbezogenen Orte, Gebäude, Objekte gehen in eine allgemeine Gedächtniskultur ein, die ohne den formalen Ausnahmezustand Denkmalhaftigkeit auskommt.

Ein Rückgang auf den historischen Denkmalkern würde das Geschäft allerdings nicht leichter machen. Im Protest gegen die Benennung der Schönheit steckt ja vielleicht auch ein persönlicher Konflikt. Denkmalpfleger sind moderne Menschen, die in einer Welt herausfordernder Modernität vergangene Werte verteidigen müssen. Es liegt nahe, sich und anderen die eigene Modernität auch dort zu beweisen, wo es den Denkmalen nicht guttut. Dagegen gibt es offenbar nur ein wirkliches Heilmittel: dass man sich die Liebe zum Denkmal offen eingesteht.

Diese Liebe hat nur weniger mit Geschichts- und Wissenschaftswerten zu tun – Geschichte muss man in ihrer Grausamkeit nur ertragen, die Wissenschaft ist zu sehr intellektuelle, beruflich gebundene Faszination – als vielmehr mit der Unendlichkeit jener Merkmale oder Ausnahmemomente, welche das Erlebnis der Schönheit ausmachen. Es fragt sich ja, wie man sich sonst die Empörung oder das Entsetzen vieler Menschen oder seiner selbst erklären soll, wenn ein wichtiges Gebäude abgerissen wird, oder amputiert wie der Stuttgarter Hauptbahnhof.

Denkmalpflege gibt es, weil die, die den im Denkmal gefassten gesellschaftlichen Schatz erkennen, sich nicht vorstellen wollen, dass er untergeht, bloß weil er einem Neubau oder einer Straßenverbreiterung im Wege steht.

Schließlich muss sich aber auch die Liebe zum Denkmal an die Hand nehmen. Wenn man sich darauf einlässt, gehört das Leiden an Abriss und Verfall dazu. Man braucht also immer auch genug Distanz, um die Verluste zu verkraften, und am schwierigsten ist die Ahnung, dass möglicherweise das Bewusstsein davon, was da verschwindet, mit einem selber untergeht. Ohnehin ist ja die Denkmalliebe nicht vom Wissen um die eigenen Vergänglichkeit zu trennen. Bedeutsame Bauten sind, wie Bilder, Musik, Gedichte, unserer Hinfälligkeit gegenüber das weniger vergängliche Objekt, insofern Trost. Dabei hat uns das Denkmal bei aller Pflege nur die längere Verfallszeit voraus.

Doch auch das erhaltene Gebäude ist kein gültiger Ersatz für das, was es einmal bedeutete und bewirkte. Deshalb kann die Pflege kein Kultus sein, der verlorene Bedeutung vertritt, schon gar nicht jener offizielle und stets hohle Kultus, der auf den Kommandohöhen der Denkmalpflege entfaltet wird. Daran erinnern einen schon die Zusammenstöße mit den gegenläufigen modernen Lebensverhältnissen. In den Niederungen der alltäglichen praktischen Auseinandersetzung dominieren Unstimmigkeiten. Der Spagat der Pflege geht nie ganz auf, wenn noch im Erhalten der Verfall steckt. Das ist vermutlich das geschuldete Äquivalent der historischen Plagen und Ungerechtigkeiten, die das heutige Gebäude, Denkmal für uns und unsere Bedürfnisse geworden, hinter sich gelassen hat.

Bei aller Liebe darf man also, wenn man nicht verzweifeln will, nicht die Ambivalenz überhaupt aller Denkmalpflege aus den Augen verlieren. In jedem Denkmal steckt, angesichts der Menge der untergegangenen und der so viel größeren Menge der sprachlos bleibenden, die Frage, die man im Denkmalstatus doch so denkbar sorgfältig beantwortet hat: Warum gerade dieses? Schon der Ausnahmestatus als solcher verliert nicht seine Bedenklichkeit in einer Zeit, die, wie alle vorhergehenden Zeiten, mit ganz anderen Ausnahmezuständen fertig zu werden hat. Ist er in seiner Gegenläufigkeit zum historischen Prozess noch erlaubt, ist es richtig, oder nur der vorwitzige Versuch, am verschobenen Objekt den Tod hinauszuschieben? Eine Antwort erhält man nur in der praktischen Arbeit, dieses oder jenes Haus zu bewahren, weil man es nicht aushalten würde, dass es aus der eigenen Lebenswelt einfach verschwindet.